司法書士 ゼロから5ケ月合格法

第4版

Revolutionary Method

辰已法律研究所専任講師
松本雅典
Matsumoto Masanori

自由国民社

はじめに

「人間は忘れる生き物だから、繰り返し復習しろ」という固定観念を疑うことから始まった勉強法の数々。そして、たどり着いた理念は、「人の脳からは知識がなくなるわけではない。ただ思い出せなくなるだけだ。だから、思い出し方を決め、それを習得するのが勉強だ」（第1章勉強法・総論●勉強法の理念（すべての出発点）参照）。

この理念から生まれた考え方は、たとえば、

- 「インプット＝テキスト、アウトプット＝問題を解く」という発想が合格へ最も遠回り（第3章第1節参照）
- 「情報の一元化」ではなく「検索先の一元化」（第3章第2節参照）
- 記述の申請書はできるだけ書かないのがベスト（第8章第1節参照）

これらは一見、受験界の常識と異なる考え方であるように見えますが、すべてに合理的根拠があります。だから、法律学習経験のなかった私が、5ヶ月で合格できたのです。

「受験界の『常識』の間違いを正す」――本書の目的は、まさにこれです。この間違った常識のた

めに、一発合格者（1度目の試験で合格する方）・超短期合格者（4～7ヶ月で合格する方）がほとんどいないことが、現在の司法書士受験界の悲劇です。本書は、その黒いコマで覆われてしまったオセロをひっくり返します。現在は、黒いコマ（＝間違った方法論）ばかりで、白いコマは本書以外にはありません。しかし、5年後には、白いコマ（＝本書の方法論）でオセロ（＝司法書士受験界）は塗り替えられているでしょう。

　本書をお読みいただいた方は、当たり前となっている受験界の「常識」の間違いを知ることによって、正しい勉強法を身につけ、合格への最短ルートを突き進んでください。

　みなさんが、合格発表の日に人生最高の笑顔をされていることだけを考えて書きました。読者のみなさまの合格を、心より願っております。

平成23年9月　松本　雅典

第2版はしがき

本書の初版を出版させていただき2年と数ヶ月が経ちましたが、その間に、本書を1万数千人の方に手に取っていただきました。受験生の数が2万人～3万人程度の司法書士試験の世界において、これほど多くの方にお読みいただけるとは思ってもいませんでしたので、非常に驚きました。手に取っていただいたすべての方にこの場をお借りして御礼申し上げます。

本書の初版は、基本的には平成22年度までの司法書士試験の情報を基に書き上げ、「追記」という形で平成23年度の司法書士試験の情報を入れました。その後、平成24年度、平成25年度の司法書士試験が行われましたので、本書の情報はいささか古くなってきました。そこで、この度改訂させていただく運びとなりました。

第2版の主な改訂内容は、次のとおりです。

・平成25年度司法書士試験までの情報を追加
・初版出版以降に私が本格的に講師業を始めたため、講師として得た視点を追加

本書の初版を出版以降、本書をお読みいただき合格した多くの方とお話をさせていただきまし

た。『申請書は書かなくても記憶できる』ということに最初は半信半疑であったが、書かなくても記憶できた」「この本に掲載されていた、床が剥げてしまった写真（※）を見て、『これだけ勉強しないと合格できないのか』とモチベーションが上がった」など、多数のご報告を頂きました。

※私が5ヶ月間座り続けて勉強していたため、自室の床が剥げてしまった写真（P92参照）のことです。

今後も、本書をお読みいただいた方からの合格報告を心待ちにしております。

平成26年1月

辰已法律研究所専任講師　松本　雅典

第3版はしがき

本書は、初版・第2版ともに、非常に多くの受験生の方にお読みいただきました。受験生の方、合格者の方から「5ヶ月本を読みました」などとおっしゃっていただくのが当たり前となりました。初版を出版した平成23年には考えもしていなかったことです。これまでお読みいただいた受験生の方、合格者の方に御礼申し上げます。

本書は、平成23年に初版、平成26年に第2版を出させていただいております。その後も司法書士試験が行われています。試験の本質部分に変化はないのですが、若干の傾向の変化などがあります。また、平成27年度の司法書士試験以降ほとんど毎年、何らかの改正があり、改正対策が近年の司法書士試験の1つのテーマとなっています。

そこで、第3版では、主に以下の内容の改訂を行いました。

・平成30年度司法書士試験までの情報を追加
・改正との向き合い方を追加

本書の出版以降、本書をお読みいただいた大変多くの合格者の方から合格報告を頂けました。私が担当しているリアリスティック一発合格松本基礎講座からも、7ヶ月半合格、9ヶ月半合格、働きながら1年2ヶ月合格など、多くの短期合格の方が出ています。今後も、本書の方法論が短期合格の方を生み出す「原点」になることを願っております。

平成31年2月

辰已法律研究所専任講師　松本　雅典

第4版はしがき

本書を発売してから10年以上が経ち、時代も平成から令和になりました。

私も、講師を始めて、10年以上が経ちました。

この10年で、司法書士試験の本質は変わっておりません。その「本質」とは、基礎を理解・記憶しており、それを少しだけ応用できる人が合格できるということです。しかし、時代も令和になり、司法書士試験にも少し傾向や内容の変化がありました。

そこで、第4版で、以下の改訂を行いました。

・令和4年度司法書士試験までの情報を追加

・近年の傾向に合わせた変更

発売後10年が経ち、本書は司法書士試験の勉強法の定番となりました。合格者の方から、本書を読んで合格したというお話をお聞きするのが当たり前となり、それは著者としてこの上ない喜びです。今後も、多くの合格報告を頂けることを楽しみにしております。

令和5年2月

辰已法律研究所専任講師　松本　雅典

目次

本編 5ケ月合格法

第1章 勉強法・総論

第2章 受験を志して ～本試験当日までのスケジュール

第6節　その他のリコレクト法

第6章

択一解答時の思考法（＝合格する思考法）

第7章 推理で差をつける

第8章 記述・省エネ学習法

序章

司法書士試験概観

―受験界の常識と5ヶ月合格法の相違点―

本編に入る前に、司法書士試験がどういう試験であるかを概観するとともに、司法書士受験界ではどのような勉強法が常識となっているかを説明します。そして、その常識となってしまっている勉強法と5ヶ月合格法が、どの点で異なっているかを説明します。また、なぜ私が一般的な勉強法と異なる方法を採ったのかも説明します。なお、5ヶ月合格法については、本編で過去問を交えたりしながら詳述していきます。

●試験の日程・勉強期間

司法書士試験は、1年に1回で、試験日は例年7月の第一日曜日で1日だけです。これが、筆記試験と呼ばれるものです。筆記試験に合格すると、例年10月中旬に行われる口述試験というものを受けることができます。ですが、口述試験は、ほぼ全員が合格する、よっぽどのことがない限り落ちない試験です。よって、**筆記試験を突破できるかどうかが司法書士になれるかどうかの全てを決めると**言っても過言ではありません。筆記試験の願書の提出期間は、例年5月の初旬～中旬です。そのため、予備校の授業は、筆記試験から1年少し前の4月ごろから始まるのが通常です。仕事で勉強時間のあまり取れない社会人の方のために、1年半～2年前から始まる講座を用意している予備校もあります。逆に、勉強に専念できる人のために、10ヶ月前の9月から始まる講座を用意している予備校もあります。一般的な予備校では、初学者の方のための講座ではこれが最も短い講座です。通常、「初学者」とは、初めて司法書士試験を受ける人を言います。法学部出身かは関係ありませんが、司法試験経験者は初学者とは言えないでしょう。それに対して、「中上級者」とは、１度司法書士試験を受けたことがある人で、２回目以降の試験で合格を目指す人を言います。予備校も「中上級者対象講座」などと受験未経験者と経験者で講座を分けています。

しかし、初学者向けの講座を受けて１回目の試験で合格する人（「一発合格者」と言われます）は、予備校の１クラスで１人いれば良いほうです。私の同期（同じ年に合格した人を言います）でも、一発合格者は50人程度しかいないのではないかと思われます。平成22年度の出願者数は３３、１６６人、受験者数は２６、９５８人、合格者が９４７人、合格率約３・５％（受験者数に対する割合）ですから、１回目で合格するのは相当難しいのが受験界の常識です。私の同期では、４回目で受かったという人が１番多いようです。合格者全員の平均も、４回前後になるでしょう。

２回目で受かっても、「すごいね！」と言われるような難関試験であることに間違いはありません。ですが、ご安心下さい。本書に書いてある〝受験界の間違った常識〟を正した勉強法を使えば、専業受験生（受験勉強だけに専念できる方）なら**５ヶ月**、働きながらの受験生なら**１年**で合格することができます。私が５ヶ月かかっているので言いづらいのですが、本心では、専業受験生なら最短４ヶ月で合格することが可能だと思っています。

●試験科目

なぜこんなに合格までに時間がかかってしまうのが一般的かと言いますと、勉強しなければならない**〝量〟が多い**からです。それは、試験科目の多さにも表れています。

〈午前〉（試験時間は2時間で9：30～11：30）

・択一（マークシート）形式35題

　憲法3問・民法20問・刑法3問・会社法（商法）9問

〈午後〉（試験時間は3時間で13：00～16：00）

・択一（マークシート）形式35題

　民事訴訟法5問・民事保全法1問・民事執行法1問・司法書士法1問・供託法3問・不動産登記法16問・商業登記法8問

・記述形式2題

　不動産登記1問・商業登記1問

このように、試験科目は11科目もあります。標準的なテキストだと、400ページ程度のテキストが10冊程（約4、000ページ）あります（テキストによっては5、000ページを超えるものもあります）。受験勉強を始めても途中で辞めてしまう人の1番の原因は、この量の多さです。そのため、受験界では、この膨大な量の知識を身につけるには、「人間は忘れる生き物だから、何度も何度も繰り返し復習するしかない」と言われています。

ですが、「繰り返し復習しろ」と言われても、400ページ程度のテキストが10冊程もあったら、何度復習しても、10冊目を復習している時には1冊目の内容を思い出せないと思いませんか？私は受験勉強を始める前にそう思ったので、限りなく復習する回数を減らす方法を考えました。そしてたどり着いたのが、**「1度頭に入ったことはなくならないから、思い出し方を決めて思い出せるようにするのが勉強だ」**という理念です。この理念に基づいて、「思い出し方のプロセスを考える」ということを常に意識して、数々のリコレクト法（＝思い出す方法）（第5章リコレクト法参照）を使うことによって、テキストを3回（科目によっては2回）だけしか回さないで済み、合格できました（第2章●日々のスケジュール参照）。

●最も怖い足切り

司法書士試験には、受験生に最も恐れられている「基準点」という制度があります。基準点とは、いわゆる足切りのことです。試験を3つに分けて基準点が設けられています。①午前の択一、

	①午前（択一）	②午後（択一）	③午後（記述）
令和 4 年度	27／35問	25／35問	35.0／70.0点
令和 3 年度	27／35問	22／35問	34.0／70.0点
令和 2 年度	25／35問	24／35問	32.0／70.0点
令和 元 年度	25／35問	22／35問	32.5／70.0点
平成30年度	26／35問	24／35問	37.0／70.0点
平成29年度	25／35問	24／35問	34.0／70.0点
平成28年度	25／35問	24／35問	30.5／70.0点
平成27年度	30／35問	24／35問	36.5／70.0点
平成26年度	26／35問	24／35問	37.5／70.0点
平成25年度	28／35問	27／35問	39.0／70.0点
平成24年度	28／35問	26／35問	38.0／70.0点
平成23年度	26／35問	24／35問	39.5／70.0点
平成22年度	27／35問	25／35問	37.5／70.0点
平成21年度	29／35問	25／35問	41.0／70.0点
平成20年度	28／35問	26／35問	19.5／52.0点
平成19年度	28／35問	28／35問	30.0／52.0点
平成18年度	27／35問	25／35問	31.5／52.0点
平成17年度	29／35問	26／35問	25.5／52.0点
平成16年度	26／35問	24／35問	31.5／52.0点
平成15年度	28／35問	24／35問	36.0／52.0点
平成14年度	27／35問	25／35問	32.5／52.0点

②午後の択一、③午後の記述にそれぞれ基準点が設けられ、**1つでも基準点に届かなければ**、他の**2つが満点でも不合格**です。また、③の記述に関しては、①と②の択一の両方の基準点以上の点数を取らない限り、採点すらしてもらえません。この基準点の制度が、この試験を難しくしていることは間違いありません。総合点では合格点を超えているのに、記述だけ足切りで不合格になってしまう受験生は本当に多いです。基準点が公表されるようになった平成14年度以降の点数は右の表のようになっています。

基準点が年度によって違うのは、司法書士試験が相対評価の試験だからです。この相対評価ということは、非常に重要です（第6章●知らない肢にガッツポーズ、第8章第1節●申請書を書かないもう1つの利点参照）。①午前（択一）は**25～30問**で8割前後、②午後（択一）は**22～28問**で7割～8割の点数を取らないといけないことがわかります。午後の択一は午前の択一より少し低いですが、午前の択一にいたっては8割（28問）取っても足切りになる年度が3回もあった（平成27年度・平成21年度・平成17年度）わけです。択一の基準点を超えることは、簡単ではないことがわかります。それに対して、③午後（記述）の基準点は近年は5割前後（平成20年度は37・5％と突出して低いですが、この年は出題形式が大幅に変わったため多くの受験生が大混乱したことと、問題自体が難しかったことが原因です）と択一に比べて低いです。

※平成21年度から記述の配点が52点から70点に変わっています。現在の配点は、①午前（択一）1問3点×35問＝１０５点、②午後（択一）1問3点×35問＝１０５点、③午後（記述）70点

で、合計２８０点満点です。平成20年度までは２６２点満点でした。

③午後（記述）の基準点が①と②の択一の基準点よりも低いことと、記述で問われる知識は択一の知識を超えないという理由から、受験界には「択一の基準点さえ超えられれば、記述の基準点は自動的に超えられる」といった誤った常識があります。しかし現実には、択一の基準点を突破した方のうち、約半数が記述の基準点に届きません（平成23年度から、平成22年度までは公表されていなかった択一及び記述の「得点別員数表」が公表されたことにより、これが間違いないことがわかりました）。その原因は、**記述特有の対策**をしていなかったからです（第８章第２節記述特有の対策をする参照）。

●11科目が1つの科目と思えたときが、合格レベルに達したとき

受験界には、「11科目が1つの科目と思えたときが、合格レベルに達したときである」という格言があります。どういうことかと言うと、司法書士試験に出題される11科目は、各科目（各法律）が密接に関連し合っているのです。

たとえば、ある人が知り合いに30万円を貸して約束の日になったにもかかわらず返してもらえないので、法律の手続で返してもらいたいと思ったとします。世間でありがちな事件ですが、２～４つの法律が絡んできます。まず、お金を貸すと返してもらう権利が貸した人に発生する、というこ

とは「民法」という法律に書いてあります。ですが、これだけでは自ら返そうとしてくれない知り合いからは30万円を取り戻せません。返してもらう1つの方法として、訴訟を提起して勝訴判決を得るという方法があります。裁判所でどういう手続をする必要があるかは「民事訴訟法」という法律に書いてあります。この民事訴訟法に書いてあるとおりに訴訟をして勝訴判決を取って、知り合いが自ら返してくれればそこでめでたしめでたしなのですが、返してくれない人もいます。そうすると、知り合いの建物や土地を強制的に売り払ってその売却代金からお金をもらうとか、知り合いの給料の一部を強制的に取り上げる、といったことが必要になります。こういった手続は、「民事執行法」という法律に書いてあります。また、知り合いが、訴訟が終わる前に建物や土地を他人名義に移して強制的に売り払われるのを避けようとしているならば、そういうことをしても強制的に売り払うことができるようにする手続を、訴訟を提起する前にしておかなければなりません。その手続は、「民事保全法」という法律に書いてあります。

　このように、知り合いから貸したお金を返してもらうというだけでも、試験科目のうち4科目（4つの法律）が関わってくる可能性があります。よって、各科目（各法律）の関係性を意識して勉強することは、受験界で言われているとおり重要です。しかし、「各科目の関連性を意識して勉強しろ」と言われ続けているにもかかわらず、具体的なやり方を示す人はほとんどいませんでした。もちろん本書では、きちんと示します。そのメインとなるのが、**リレイティング・リコレクト法**です（第5章第2節リレイティング・リコレクト法参照）。

●教材（三種の神器）

受験生が使う教材で「三種の神器」と言われているものが、①テキスト②六法③過去問です。①のテキストとは、学者が書いた難しい本ではなく、予備校が発行している司法書士試験に照準を絞ったモノのことです。②の六法とは、法律（条文）が多数掲載されている書籍のことです。法律家にとっては必須のモノです。③の過去問とは、過去に司法書士試験で出された問題のことです。

column

◆

テキストの選び方

②の六法ですが、「この六法でないといけない」ということはありませんが、持ち運びができるコンパクトサイズで司法書士試験に出題される法令の網羅率が高いのは、『登記六法』(きんざい)、『判例付き法務六法』(三省堂)、『司法書士合格六法』(三省堂)です。特にこだわりがなければ、この３つの六法のうちから選んでみてください。

③の過去問ですが、解説が詳細で収録年数が多いのは『合格ゾーン』(東京リーガルマインド)、『パーフェクト過去問題集』(早稲田経営出版)です。解説が簡潔で収録年数を平成の問題＋昭和の問題の一部に絞ったのが『択一過去問本』(辰已法律研究所。辰已法律研究所のサイトで販売)です。

六法と過去問は内容に大差はないのですが、どれを選ぶかで大きく違いが出るのが①のテキストです。

法律の素人であった私がいきなり難しい専門用語で書かれたテキストを読んでも、その用語に引っかかってしまいます。そこで、いくつかのテキストを読み比べてみて、テキストの最初の部分は日常用語で書かれていて、自然に専門用語が増えてくるという形で構成されたテキストを選びました。独学の方は、できる限り平易な言葉を用いて書かれているテキストを選んでください。難しい説明がされているテキストも多いですが、そのような説明は必要ありません。全ては７月の本試験で合格最低点以上の点数を取るために勉強するのです。それなのに、本試験の問題以上に難しく書かれたテキストなんて有害なだけです。

私が考える理想のテキストとして、私も『司法書士試験 リアリスティックテキスト』シリーズを出しています。どのテキストにするかお考えの際は、『リアリスティックテキスト』も候補に入れて検討してみてください。

なお、予備校に通っている方であれば、その講座で使用するテキスト以外は考えられません。講義で使用しているテキスト以外のテキストを使うのは、あまりにも効率が悪いです。予備校に通うということは、学習用のテキストが配付され、それをわかりやすく説明した講義を受けるということです。それにもかかわらず、講義で使用しているテキスト以外のテキストを使ってしまっては、予備校の講座を受講した意味がなくなります。

●情報の一元化とは？

受験界で最重要とされていることの1つに、「情報の一元化」という言葉があります。「情報の一元化」とは何かと言いますと、本試験の直前期（4月～6月）に「これだけ見れば大丈夫」というモノを作るために1つの教材に情報を集約することです。直前期（4月～6月）に色々な教材を見ていては効率が悪いため、今まで自分が勉強してきたことを1つの教材に集約して、最後はそれだけを勉強するという方法です。「テキスト」やテキストのポイントをまとめたいわゆる「まとめ本」に情報を集約する受験生が多いです。集約する教材は違えど、受験生にとっては情報の一元化をすることが当たり前になっています。

ですが、私は初めてこの目的を聞いた時にかなりの違和感を覚えました。**〝直前期（4月～6月）のため〟**に情報を集約する作業をするということですが、目標は7月の第一日曜日の本試験なわけです。その作業は、〝直前期（4月～6月）のため〟ではなく**〝本試験当日のため〟**でなくてはなりません。そう考えていくと、「本試験当日に問題を解く時に、頭の中で思い出す検索先を1つに特定する」という目的が導き出されました。この考え方でいくと、一つの物体に情報を集約するという作業が不要となり、学習効率が上がります。これを「検索先の一元化」と呼んでいます（第3章第2節「情報の一元化」ではなく「検索先の一元化」参照）。私は、〝直前期（4月～6月）のため〟ではなく〝本試験当日のため〟に、「情報の一元化」ではなく**「検索先の一元化」**をしました。

column

◆

本書を読むフィルター（本書の読み方）

“直前期（4月～6月）のため”ではなく“本試験当日のため”と述べました。これは、勉強法を考えるにあたって、非常に重要な基準です。みなさんの当面の目標は、「次の司法書士試験において、合格最低点以上の点数を取ること」以外にはないはずです。「直前期（4月～6月）のため」や「模試や答練で高得点を取るため」といったことは、一切考えないでください。

みなさんは、この後本書を読む中で、受験界の常識と本書の勉強法を何度も比較することになります。その比較する際の基準は、常に以下のものにしてください。

本試験当日に、合格最低点以上の点数を取るためには、どちらの方法が優れているか

法律家は、依頼者から聞いた生の事件（事実）を、法律というフィルターを通して考えます。それが、一般の方と異なる所です。みなさんもぜひ、正しいフィルター（判断基準）を持ってください。

●択一は過去問至上主義？

配点の75％（２８０点中２１０点）を占める択一の勉強法の主流となっているのが、「過去問を何回も何回も繰り返し解く」という方法です。本試験は、過去問と同じ知識とその周辺知識が50～70％程度出題されますので、こういった勉強法が主流になっています。合格体験記にもよく、「過去問を10回回した。」「20回回したから合格できた。」などとあります。こういった合格体験記を読んだ時、「そんなに何回も繰り返さないといけないのか……。５ヶ月しかないのに間に合うかな……。」と正直、気持ちが暗くなりました。なぜかと言うと、かかる時間を計算してみたのです。過去問は、ものすごい分量があります。ほとんどの問題が1問につき5肢ありますし、当然問題を解くだけではなくそのような答えになる根拠も考えたり調べたりしなければなりませんから、初めて過去問を解く時には、１問解くのに20～30分かかることもあります。１年度分だけでも午前と午後を合わせて70問あります。そして、仮に解く問題を平成の問題だけに絞ったとしても、21年度分ありました（私は平成22年度合格です）。つまり、１問解くのに20分としても、

70問×21年分×20分＝２９、４００分＝４９０時間

もかかるわけです。

※かつては択一の問題数が午前と午後を合わせて80問でしたが、旧商法の問題を解かないことを考慮して、70問で計算しました。

５ヶ月は約１５０日ですから、１日17時間勉強したとしても、

17時間×１５０日＝２、５５０時間

です。

１問を解くのにかかる時間は、２回目以降は短くなるでしょうが、とても何回も解いている暇なんてありませんでした。よって、**過去問を何回も繰り返すことなく合格する方法**を考えました。ですが、合格体験記にはそんな方法は見当たりませんでしたので、すぐには見つかりませんでした。そんな時に、ある合格体験記の一文が目にとまりました。「過去問の知識は繰り返し出されるが、同じ形で出されることは少ないので、異なる形で出されたときのことも想定して過去問を解いていた」という一文です。全く同じ形で繰り返し出されることもあるのですが、出題者も手抜きだとは思われたくないですから少し形を変えて出すのが普通です。一瞬、「10回、20回と繰り返しても、形を変えて出されたら正解できないかもしれないのか……。」と、さらに気持ちが暗くなりかけました。しかし、ここに１つの光明を見いだしました。

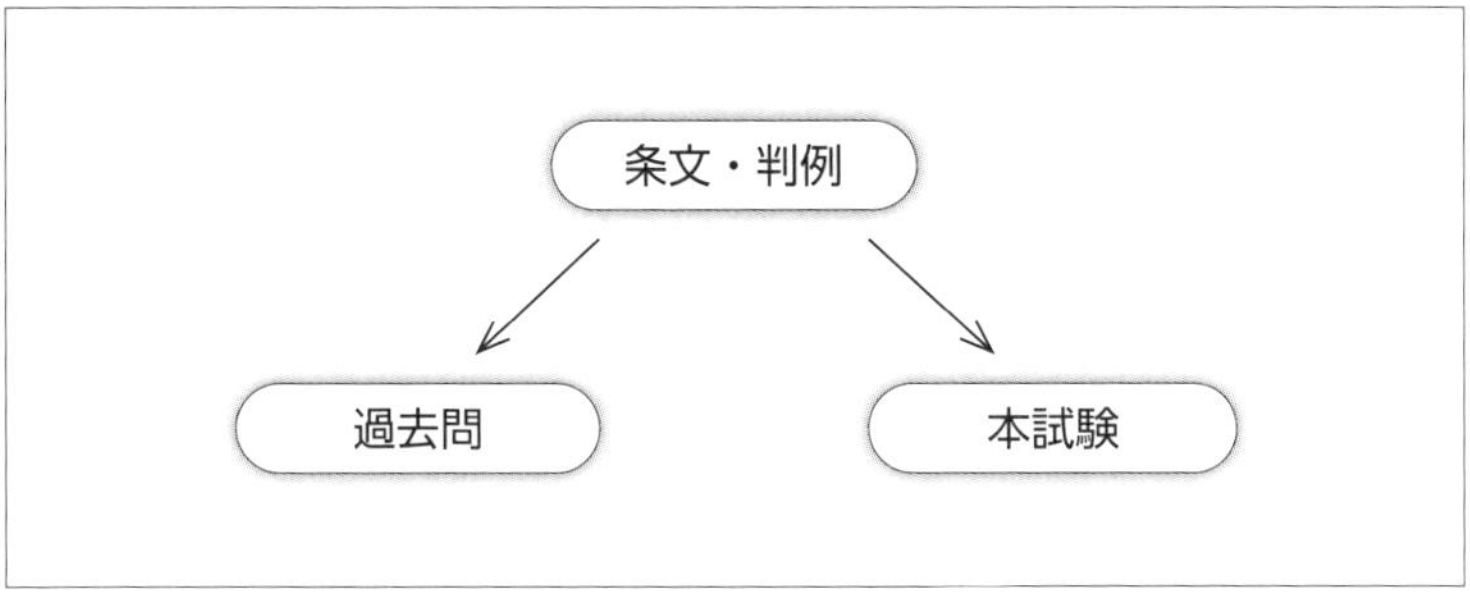

考えた方法が、「過去問の**〝元〟となっている条文・判例自体を思い出せるようにすれば**、どんなに形を変えて出されても正解できる」というモノです。過去問も、元はある条文・判例（先例や登記研究など条文・判例以外が根拠となることもあります）を事例に当てはめた、あるいは、文言を変えたモノにすぎません。図で表すと上のようになります。

過去問と共通の知識が本試験で形を変えて出されたとしても、それは元をたどれば条文・判例なのです。だから、条文・判例をきちんと思い出せるようになれば、どんな形で出されても対応でき、それが最も効率的な勉強法だということがわかったのです。そして、導き出されたのが、「（本試験の出題の元となっている条文・判例を掲載し解説している）**テキストを脳内復元し、テキストでアウトプットする**」という方法です（第3章第1節「インプット＝テキスト、アウトプット＝問題を解く」という発想が合格へ最も遠回り、第4章究極のアウトプットである脳内復元が最高到達点参照）。

過去問は、テキストの条文・判例のどこが出題されたかを確認するために1度は解きましたが（不動産登記法の直近の6年分以外の問題及び旧商法の問題を除く)、後はその出題の元となった条文・判例を掲載し解説しているテキストで勉強しました。

●記述は書いて書いて書きまくる?

本試験の午後の3時間(13:00~16:00)では、択一35問の他に、記述の問題2問(不動産登記1問・商業登記1問)が出題されます。記述とは、一言で言うと、非常に実務(実際に司法書士がしている仕事)に近いことを要求される問題です。たとえば、不動産登記なら次のページのような「申請書」というものを書くことが要求されます。

※実際の申請書はもう少し書くことが多いのですが、試験で問われない部分は省略しました(ただし、省略した不動産の表示は、平成21年度に問われたことがあります)。

この申請書の前提となっている事例は、法務太郎が松本雅典に、ある不動産を令和5年7月22日に売ったという設定です。不動産の売買などがなされると、法務局という所で登記というものをするのが普通です。登記とは、今の時点では不動産の名義のことだと思っていてください。その手続を売主様や買主様から依頼を受けて代わりにするという仕事が、司法書士が昔からしている仕事であり、司法書士の基幹業務です。つまり、本試験では、実務で司法書士がしているのと同じ判断をし、司法書士が作成しているのと同じような書類を書けますかと問われるわけです。

登記の目的	所有権移転
原　　因	令和5年7月22日売買
権 利 者	（住所は省略）松本　雅典
義 務 者	（住所は省略）法務　太郎
添付情報	登記識別情報　登記原因証明情報　代理権限証明情報　印鑑証明書　住所証明情報
課税価格	金1,000万円
登録免許税	金20万円

登記申請書というものは、登記の種類によって書き方のパターンが異なり、合格するためには、不動産登記・商業登記のそれぞれで、百種類以上の申請書を書けるようにしなければなりません。

受験界での一般的なやり方は、「申請書を何回も何回も書いて、自然と手が動くくらいのレベルにする」という方法です。本試験では、実際に書かなければいけないので、そのような方法が一般的になっているのかもしれません。しかし、初めてこのやり方を聞いた時、先程の択一の「過去問を何回も何回も繰り返し解く」という方法を聞いた時と同じように、「5ヶ月しかないのに、そんな時間あるかな?」と思いました。もっと時間のかからない効率的な方法がないかを考えました。

そして、**時間がかかる1番の原因は、書くという行為**だということがわかりました。殴り書きにしたとしても、節約できる時間はたかが知れています。考えた末に思いついたのが、**「申請書を書かないで、声に出して申請書の内容をしゃべる」**という方法です。本試験では書かないといけないのに、準備段階の勉強で書かない方法には不安を覚えるかもしれません。しかし、この方法には合理的な根拠があります。それは、本編で明らかになります。（第8章第1節申請書はできるだけ書かない参照）。

この「申請書を書かずに、しゃべって思い出せるようにする」という方法のおかげで大幅に時間を節約して合格することができました。

column

◆

司法書士の仕事とは?

不動産登記が司法書士の基幹業務だと述べましたが、その他の業務についても簡単に触れておきます。

不動産登記に次いで、司法書士の基幹業務となっているのが、**商業登記**です。不動産登記が文字どおり不動産に関する登記であるのに対し、商業登記は会社などに関する登記です。会社は、資本金・役員・株式に関することなど法律で決められた事項を公にしておく必要があります。最初に、その決められた事項を登記するとき、あるいは、その事項に変更が生じたときに、法務局に申請して登記する必要があります。登記によって、必要な書類や手続が異なり複雑であるため、会社は司法書士に依頼して代わりに行ってもらうのが普通です。

他に、**裁判業務**があります。裁判というと弁護士さんをイメージする人が多いと思いますが、司法書士も昔から裁判のための書類の作成は当事者の代わりに行っています。弁護士さんに依頼すると報酬が高くなってしまうので、自分で訴訟を行い、難しい書類のみ司法書士に書いてもらうという人は今でも一定数います。

また、司法書士は、平成15年から新たに**簡易裁判所の民事事件**ならば、弁護士さんと同じように**当事者の代理人**となることができるようになりました（ただし、訴額が140万円以下に限ります）。近年台頭してきている業務です。※この簡易裁判所の民事事件で弁護士さんと同じような仕事をするには、司法書士試験合格後に特別研修という研修を受けた上で認定考査という試験に合格しなければなりません。特別研修は近年は５月末～７月初めに、認定考査は近年は９月に行われます。

他には、**成年後見**という業務もあります。成年後見とは、認知症などの理由で判断能力が弱くなった人のための制度です。司法書士が成年後見人になり、判断能力が弱くなった人の財産管理などを代わりに行います。

その他にも、**企業法務など**の業務があり、業務範囲が広がってきています。

本編

5ヶ月合格法

第1章

勉強法・総論

●勉強法の理念（すべての出発点）

まず、勉強を始める前に考えたことは、よく言われる、

「人間は忘れる生き物だから、何度も繰り返し復習することが大切だ」

というのは本当なのかということです。この「忘れる」という言葉を使っている人がどういう意図で使っているのかわかりませんが、辞書を引くと「おのずと記憶がなくなる」などと書いてあります。私には、「忘れる」という言葉は「勉強したことが頭からなくなる」という意味に聞こえます。

ですが、「人間の脳は12兆ほどの情報を蓄積できるが、それが必要な時に取り出せないだけだ」という考え方が脳科学の世界にあります。私はこちらが正しいと思っています。そうでないと、知識が頭から抜けるスピードが頭に入れるスピードより速い人は、永久に司法書士試験に必要な情報

を記憶できないことになってしまいます。繰り返すことで、脳から取り出すプロセスに慣れて、容易に思い出せるようになると考えたほうが、説明がつきます。

こういったことを考えていった結果、私の勉強法のすべてに共通する理念は、

「1度頭に入ったことは基本的に頭からなくならないから、思い出し方を決めて思い出せるようにするのが勉強だ」

となりました。数々のリコレクト法（第5章参照）もすべて、この考えに基づいています。

具体的なリコレクト法（＝思い出す方法）を1つご紹介します。

会社法の会計参与と会計監査人はよく比較されます。

（※本書には、司法書士試験のテキストに載っている知識や司法書士試験の過去問が何度も登場します。できる限り前提知識の説明をしますが、まだ勉強を始めていない方にはわからない箇所もあると思います。しかし、それらの前提知識は受験勉強を進めていくと当たり前になってきますので、ご安心ください。）

話の前提として、会計参与と会計監査人の大雑把なイメージを説明します。会計参与は、取締役と一緒に会社の計算書類などを作る人（機関）です。従来の税理士さんが、より会社の内部に入り込んで、役員となったのが会計参与です（なお、公認会計士もなれます）。会計監査人は、公認会

計士で組織された監査法人を思い浮かべてください。会計参与と違い、会社の外から、その会社の財務を「監査（厳しくチェック）」します。

会計参与と会計監査人との性質の1番の違いは、内部機関か外部機関かということです。この性質の違いという〃知識〃を思い出すときに、会計参与の「参与」という漢字に着目します。①会計に「参」加し「与」するという漢字の意味から、会社法374条1項の「会計参与は、〃取締役と共同して〃、計算書類……」という知識を思い出し→②会計参与が内部機関であるという知識を思い出し→③それと対比される会計監査人は外部機関だという知識を思い出します。会計参与と会計監査人の比較問題は、この性質の違いがポイントになることが多いですから、この性質の違いは重要です。

なぜ、会計「監査」人のほうから思い出さないかといいますと、「監査」役、「監査」等委員、「監査」委員など同じ「監査」という文字が含まれている機関が別にあるため、あまり良いプロセスではないからです。また、負担を半分にする・逆を思い出してしまうことを防ぐ、という理由もあり、会計参与のほうだけ思い出し方を決めます。

このように**知識を思い出すプロセスを決めます**。そして、そのプロセスを本試験で再現できるように訓練することが勉強なのです。思い出し方のプロセスの作り方・そのコツは、本書でご紹介していきます。

「人間の頭から基本的に情報はなくならない」ということが正しいかは脳科学の研究が進まないと

わかりませんが、**こういうふうに考えて視点を変えるだけで、勉強に対しての心構えがまるで違ってきます。**それに、**本番でしなければならないことは、「思い出すこと」**です。これは非常に重要なことですので、常に意識しておいてください。

●「覚える」ではない、「思い出せるようになる」

小さい頃から、学校で教師に「これを覚えなさい」とよく言われました。高校の頃から特に勉強が難しくなり、「覚えるって、どうやって?」と思うようになりました。その疑問がずっと頭にあったので、司法書士試験の勉強を始めるにあたり、辞書で「覚える」という意味を調べてみました。ありきたりな「記憶する」という意味もあったのですが、「心に思い浮かべられる」という意味もありました。この後者の意味からヒントを得、「覚える」という言葉を**「必要な時に、必要なことを思い出せるようになる」**と自分なりに定義しました。このように定義したため、「覚える」という言葉を意図的に使わないようにしました。代わりに、「思い出せるようになる」という言葉を使っていました。

前述したように、「人間は忘れる生き物だから、何度も繰り返し復習することが大切だ」とよく言われます。こう考えると、忘れることから必死で逃げるように勉強しなくては、という恐れの感情を抱きつつ勉強することになります。勉強が辛くなるのも当たり前です。先ほども述べました

〈勉強の手順〉

①テキストを読み、理解する

⬇

②部分ごとに思い出し方を決める

⬇

③過去問を解き、その思い出し方で解けるか
（＝その思い出し方が正しいか）確認する

⬇

④正しいとわかった思い出し方を再現できるように訓練する

が、脳科学によると人間の脳は約12兆の情報を入れられるそうです。つまり、頭の中にはあるけれど、それが試験で思い出せるかどうかということが問題なのです。だから、忘れることから必死で逃げるように頭に詰め込む勉強をするよりも、**「この部分は試験会場でどうやって思い出そうか」と考える**のが正しい勉強です。

　そのため、私は、上記の順番で勉強しました。

column

◆

日常生活から考える記憶

思い出す方法をいかに工夫するか、ということが勉強のポイントです。司法書士試験のテキストは、10冊くらいあります。最後の１冊が終わったところで、はじめの１冊に戻ったら、何も思い出せないという可能性が大いにあります。それでは一生終わらないような気がして気持ちが暗くなってしまうでしょう。ですから、どのように思い出すかを考えることが重要なのです。誰でも、何かのきっかけがあれば、これまで全く思い出せなかったことでも思い出すことができます。

たとえば、小学生の時に、「鈴木さん」という知り合いは２人くらいしかいなかったでしょう。そのため、下の名前まで簡単に思い出せたはずです。しかし、大人になるにつれて、知り合いの「鈴木さん」は何十人と増えていきます。そうなると簡単に下の名前は出てきません。仮に、取引先に「鈴木大介さん」という人がいたとして、この人の下の名前を思い出すには、「いつも電話に大きな声で出る人だな」という印象から「下の名前の“大”という文字を思い出そう」と決めれば、頭の中に「鈴木さん」が何十人いても思い出せます。つまり、「鈴木大介さん」の下の名前が頭から無くなってしまったわけではないのです。ただきっかけがないから思い出せないだけなのです。そのきっかけを意識的に作っていけばいいのです。

テキストを読みながら、記憶の引き出し方をつくっていくわけです。それを、過去問を解くとき・テキストを復習するときに、チェックしていきます。もちろん、何度も繰り返し練習できればそれにこしたことはありませんが、そんなに何回も繰り返せなくても大丈夫です。試験まで繰り返せる回数がわずかであるということを念頭に、思い出し方を工夫すればよいのです。その方法は、本書で明らかになります。

●自分に合った勉強法ではなく、勉強法に自分を合わせる

「自分に合った勉強法を探せ」――この言葉を使っている人が、どういう意味で使っているのか定かではありませんが、仮に私が思っている意味だとしたら、かなり危険です。こういうイメージに聞こえます。

勉強法 → 自分

自分という固定されたものがあって、数ある勉強法の中から良いと思った勉強法を自分のいる所に持ってくると。私の考え方は全く逆です。

自分 → 最短で合格する勉強法

最短で合格する勉強法に、ただひたすら自分を合わせます。動くのは自分のほうです。図を使って説明すると、次のページのようになります。

○の中にある☆が合格する勉強法です。○の外は不合格になる勉強法です。右のほうに「自分」がいます。合格する勉強法に対して、これだけ不合格になる勉強法がうようよしているわけです。

〈誤った考え方〉

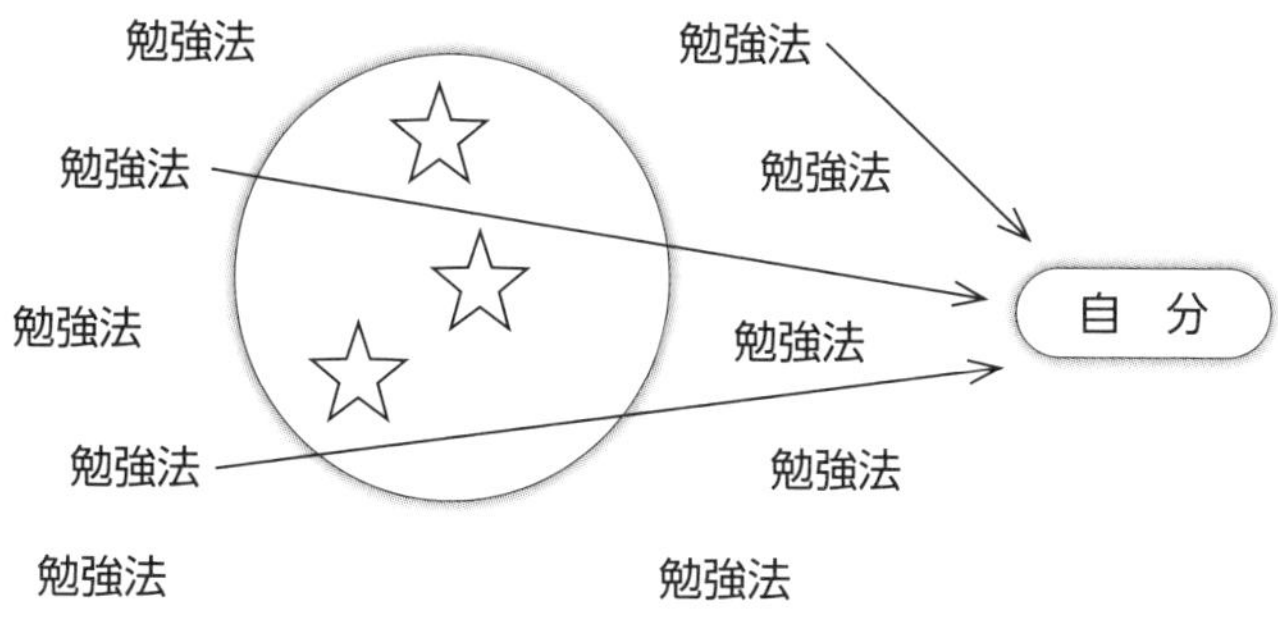

〈正しい考え方〉

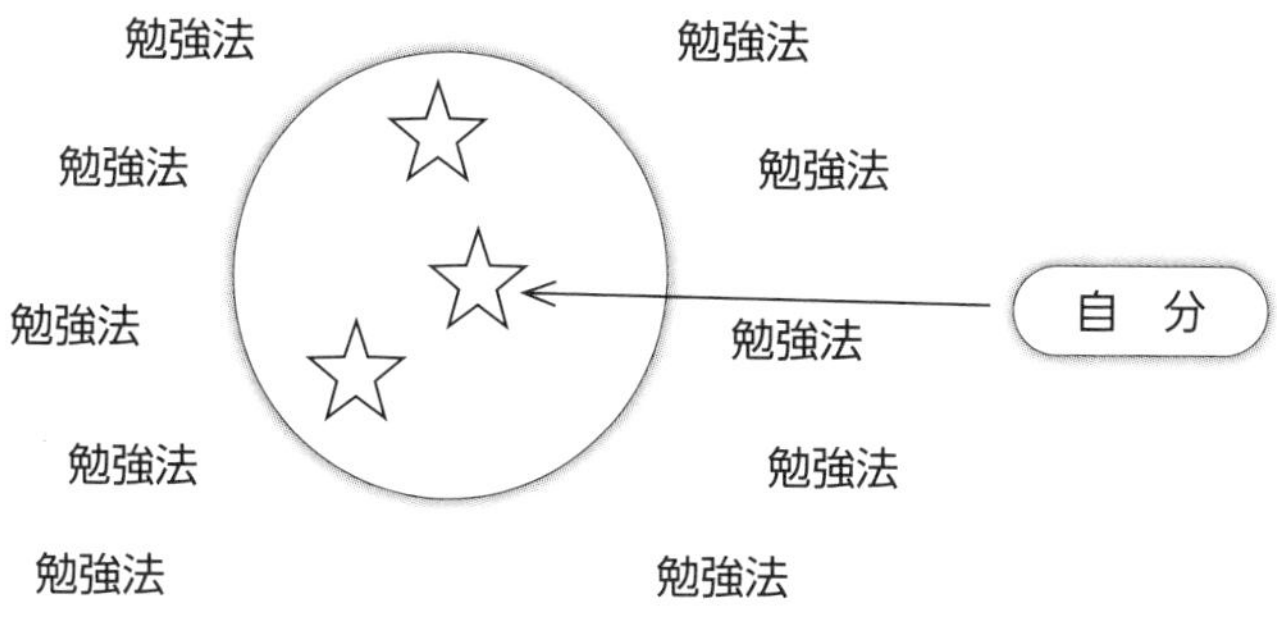

「自分」を固定してしまって、そこに自分に都合のいい勉強法を合わせてしまうと、◯の外にある勉強法を選んで持ってきてしまう可能性が大いにあります。つまり、「自分に合った勉強法」という名の下に、「**自分の好きな勉強法**」を選んでしまう人が多いのです。ですから、「自分」を固定せずに、◯のど真ん中にある最も短期で合格できる勉強法に自分を合わせる必要があります。

本書で勉強法について色々と書きました。これは、一見すると自分独自の勉強法ばかりを考えていたように見えると思います。ですが、自分の個性や好みは考えていませんでした。「自分に合った（＝自分の好きな）勉強法」を選んでいたなら、申請書を書きまくっていたでしょうし（第8章第1節申請書はできるだけ書かない参照）、過去問を何回も回していた（第3章第1節「インプット＝テキスト、アウトプット＝問題を解く」という発想が合格へ最も遠回り参照）と思います。何回も申請書を書けば試験でも書けるだろうと思えて安心できるでしょうし、同じ問題を何回も解く勉強法のほうがテキスト自体を思い出す勉強法（第4章究極のアウトプットである脳内復元が最高到達点参照）より楽に決まっていますから、そちらに流れたい気持ちはもちろんありました。ですが、それでは合格できないと思ったから本書に書いているようなやり方になったのです。数百人も合格する試験で、個性は要求されません。ただ与えられた問題に答えられるかだけが問われます。別に日本一の歌手になれなどと言われているわけではありません。

もう1つよく言われることが、「合格者の数だけ勉強法がある」。これも誤解を与える可能性が大いにあります。裏には、何倍もの不合格になる勉強法があるわけです。それを指摘したうえでなければ、「合格者の数だけ勉強法がある」ということを聞いた人が、不合格になる勉強法を選んでしまうかもしれません。そもそも細かく分ければ合格者の数だけ勉強法はあるでしょうが、大きく分ければそんなにありません。ここまで書きましたが、冒頭の言葉が「合格する勉強法の中から自分に合ったものを探せ」ならまだマシになります。さすがに合格できる勉強法は１つではないですから。

私は、最短で合格する勉強法にただひたすら自分を合わせました。

●勉強法をゼロから生み出す必要はない

私は勉強法を考えるのは好きなのですが、実は全くのゼロから自分で考えた勉強法はほとんどありません。そんな必要もないと思っていました。

なぜなら、たとえばあのエジソンでさえ、白熱灯を発明したときにゼロから考えたわけではないからです。エジソンは、以前からあった２つの方法を組み合わせたのです。エジソンでさえ、過去の方法を利用したのに、私がゼロから何かを生み出すなんて恐れ多いです。本書でご紹介している方法も、基の考え方は以前からある勉強法をヒントにしています。ただし、ヒントにした勉強法は、司法書士試験の勉強法よりも、他の試験の勉強法や脳科学の書籍に書いてある方法がほとんどです。それに、自分なりのアレンジを加えています。

●王道は大事

(1)三種の神器…テキスト・六法・過去問

司法書士試験で受験生の三種の神器と言われる、テキスト・六法・過去問。この3つで勉強するということは、私も他の受験生の方と同じでした。しかし、この3つの捉え方・比重の置き方が他の受験生の方とは異なります。具体的な違いは、本書の中で徐々に明らかになっていきます。

(2)立法趣旨・理由を理解

第5章のリコレクト法のように、他の受験生の方が採らないであろう方法もかなり使いました。本書は、常識的な勉強法の誤った部分を正すものですので、どうしてもこういった勉強法にページ数を割くことになりましたが、法律学習の基本である立法趣旨や理由を理解するといったことは、他の受験生の方同様しっかり行っていました。こういった学習が法律を勉強するうえでは基本で

column

◆

面倒くさいから生まれる

私の座右の銘は、「面倒くさい」です。「面倒くさい」という言葉は一般的には悪いイメージですが、超短期合格には重要な感情です。もちろん、毎日勉強するのが面倒くさいと思うことは論外です。そういう話ではなく、1つ1つの知識に対する姿勢のことです。1つ1つの知識をコツコツ勉強することを面倒くさいと思うことが重要なのです。面倒くさいと思うからこそ、まとめて思い出すといった効率的な勉強法が生まれてきます（第5章第1節算数的リコレクト法参照）。

すので、本書ではページ数を割いて説明していませんが、決して軽視しないでください。

●テキスト・過去問だけで受かるか

「テキストと過去問の知識だけで受かるのか？」という議論は、受験界でずっとされていることです。ですが、答えは簡単です。**「数字で判断するだけ」**です。一例を挙げます。令和4年度の問題を、問題別・肢別に分析しました（分析に使用したテキストは、私が辰已法律研究所において担当している「リアリスティック一発合格松本基礎講座」で使用している私が書いた市販テキスト『リアリスティック』シリーズ（ページ数は約4、000ページ）です）。この分析結果から、みなさん自身の目で判断してください。

※三種の神器には、他に六法がありますので、

column

◆

条文の読み方

法律学習の王道である「六法で条文をこまめに引く」ということは、もちろん私も行っていました。その際、**必ず声に出して読んで**いました。法律は独特な言い回しですので、声に出して読むと、よりその条文のリズムを体感でき、思い出しやすくなります。声に出したほうが、記憶を司る海馬《かいば》を刺激すると、科学的にも証明されています。私の考えですが、声に出すということは、目で見て（視覚）、口の筋肉を動かして声を出し、自分の声を耳で聴く（聴覚）ため、人間の五感の多くを使うことになり、脳を刺激するのではないかと思っています。江戸時代の寺子屋でも、音読は重要視されていたようです。

六法が入っていないことを疑問に思った方がいらっしゃるかもしれません。しかし、六法の中で試験に必要な知識は、テキストに載っています。ではなぜ教材として六法が必要なのかといいますと、テキストには条文の一部しか載っていないことが多いからです。全部を載せてしまうと、あまりにもページ数が多くなってしまうため仕方ないのです。六法で省略されていない条文を読むことも重要なため、三種の神器に六法が含まれています。

●令和４年度司法書士試験分析（午前択一・問題別）

午前の択一の問題について、「リアリスティック一発合格松本基礎講座」で使用している『リアリスティックテキスト』シリーズ・過去問だけでどれだけ得点できたかを示す問題別の分析結果です。

①テキスト・過去問だけで解答可……33／35問
②推理で解答可……………………1／35問
③無理………………………………1／35問

①は、「テキスト・過去問だけで選択肢が1つに絞れ、答えが出せる」というものです。

②は、「テキスト・過去問を基に推理で判断できる肢の推理ができれば正解にたどり着ける」というものです。

③は、「正解にたどり着くことができない（2択や3択までいくものも含む）」というものです。

合格レベルの受験生の方は午前択一で30問以上正解する人も多くいました。

●令和4年度司法書士試験分析（午前択一・肢別）

続いて、午前の択一の各肢について、「リアリスティック一発合格松本基礎講座」で使用している『リアリスティックテキスト』シリーズ・過去問だけでどれだけ正誤を判断できたかを示す肢別の分析結果です。

①テキスト・過去問だけで判断可……139／175（79.4％）
②推理で判断可……16／175（9.1％）
③無理……20／175（11.4％）

問題別・肢別の分析結果を統合して判断すると、①をほとんど完璧にすれば余裕をもって合格できるということです。

●令和4年度司法書士試験分析(午後択一・問題別)

午後の択一の問題について、「リアリスティック一発合格松本基礎講座」で使用している『リアリスティックテキスト』シリーズ・過去問だけでどれだけ得点できたかを示す問題別の分析結果です。

①テキスト・過去問だけで解答可……32/35問
②推理で解答可……1/35問
③無理……2/35問

合格レベルの受験生の方は午後択一で30問以上正解する人もいました。

●令和4年度司法書士試験分析(午後択一・肢別)

続いて、午後の択一の各肢について、「リアリスティック一発合格松本基礎講座」で使用している『リアリスティックテキスト』シリーズ・過去問だけでどれだけ正誤を判断できたかを示す肢別の分析結果です。

①テキスト・過去問だけで判断可……………１５６／１７５（89・１％）
②推理で判断可………………………………６／１７５（３・４％）
③無理……………………………………13／１７５（７・４％）

①の数は午前（１３９／１７５）よりも多いのですが、午後の科目は手続法ということもあり午後のほうが②の数が少ないです（午前の②は16／１７５）。

以上の午前択一・午後択一の分析結果を踏まえまして、「テキスト・過去問だけで受かるか？」の答えは、「受かる！」ということになります。

ただし、この分析は、私が辰巳法律研究所で担当している「リアリスティック一発合格松本基礎講座」の『リアリスティックテキスト』シリーズ・過去問と令和4年度の問題を照らし合わせたものです。すべてのテキストにおいて同様の結果となるとは限りません。よって、予備校の講座を受講しようかお考えの方は、ご受講前に必ず「この講座のテキストで、直近の本試験において何問正解できたんですか?」と問い合わせをしてからお申し込みください。

column

◆

本試験の分析は自分で

以上の分析は、初学者の方のためのものですが、このcolumnは中上級者の方のためのものです。合格推定点以上の点数を取った方を除き、みなさんが本試験後にしなくてはいけないことがあります。それは、

> 本試験の問題が、使用していたテキスト・過去問でどの程度正解できたかを確認するために、全肢をテキスト・過去問と照らし合わせる

ことです。先ほど私がしたのと同じ作業を、受験した直近の本試験についてだけで構いませんので、**自分で**行ってください。予備校の本試験の分析会では、私がした分析のような資料がもらえることはあまりありません。

分析の方法を書いておきます。

・各肢に以下の記号をふる（Yがつけば、記号が２つになります）

T …… テキスト・過去問にあり

S …… テキスト・過去問の知識から、推理可

△ …… 無理

Y …… やってはいけないミス（ex. 誤っている肢なのに◎、正しい肢なのに×とした）

※×や◎の記号の意味は、第６章●知らない肢にガッツポーズ参照

・各問題に以下の記号をふる（Yがつけば、記号が２つになります）

T …… テキスト・過去問の知識から解答可

S …… テキスト・過去問の知識から、推理で解答可
△ …… 無理
Y …… やってはいけないミス（誤っている肢なのに◎、正しい肢なのに×とした）

ほとんどの受験生の方が、この作業をせずに、新しいテキストや講座を探してしまいます。

なお、もう１つ確認してほしいことがあります。

本試験を受けて感じた問題の難易度に対する感覚は、間違っていることも多い

です。これは、人間の脳の性質から仕方のないことです。脳の性質上、難易度の高い肢の数が少なくても、難易度の高い肢ばかりであったとの印象が残ります（カラーバス効果）。ですから、本試験後、自分で冷静に分析する必要があるのです。

●合格最低点の2つの取り方

合格するためには、もちろん基準点をすべて超えたうえで合格最低点以上の点数を取らないといけないのですが、その合格最低点以上の点数の取り方は2パターンあります。

①テキスト・過去問だけで解ける問題のミスを数問に抑えて、テキスト・過去問では1つに絞りきれない問題を適当に答えても合格できるレベルでの合格

②テキスト・過去問だけで解ける問題を何問もミスしたが、その分を、テキスト・過去問で1つに絞りきれない問題を推理で解いて、帳尻を合わせて合格

私も、可能であれば、午前・午後ともに①で合格できればと思っていました。ですが、結果的には午前が②・午後（択一）が①でした。

※以下の話は、私の合格した平成22年度の話です。よって、「テキスト・過去問だけで解ける問題」などの基準も、前述の『リアリスティックテキスト』シリーズではなく、私が受験生時代に使用していたテキストになります。

午前は、テキスト・過去問だけで解ける問題を3問もミス（23／26問）してしまったので、推理

で解ける問題でカバーしました（7／8問）。午後は、テキスト・過去問だけで解ける問題を1問ミス（27／28問）で、推理で解いた問題は適当にマークした場合より少しよい正解率（2／4問）でした。

午前の、推理で解ける問題で間違えた問題（1／8問）は、「正しいものの組合せ」か「誤っているものの組合せ」かを反対にしたことが原因です（午後はこのミスが2問もあります）。こういうのは、絶対にしてはいけないミスです（とわかっていながら、私は行政書士試験でも1問しています）。本当にもったいないミスですから、みなさんは細心の注意を払ってください。馬鹿馬鹿しいミスのようですが、このミスをする人は本当に多いです。お薦めの対処法は、「正しいものの組合せを選べ」という問題なら肢（ア〜オ）の左側に大きく○を書き、「誤っているものの組合せを選べ」という問題なら肢の左側に大きく×を書く、という方法です。こうしておけば、正しい肢を選ぶのか誤っている肢を選ぶのかが一目瞭然になりますから、反対を選んでしまうというミスをかなり防げます。

話がそれましたが、やはり理想的な合格の仕方は①です。ですが、そこまで届かないことも十分に想定していました。最低目標は合格なので、**②での合格も考慮に入れて**勉強していました。②で合格するためには、本番に強いことが条件になります。なぜなら、推理で解くためには、知らない肢が出てきた時にパニックにならずに冷静に思考できることが必要だからです。「本番に強くなるためには、本番形式の練習を何回も繰り返すしかない」と、スポーツと同じように言う人がいますが、私はまったく信じていませんでした。むしろ、「何て失礼なことを言うのだ！」と思っていました。本番形式の練習を何回も繰り返さないと本番に強くなれないのならば、短期で合格を目指す人は受験経験者よりも本番に強くなれないということになってしまいます。そんなわけがありませんから、本番に強いかどうかは、「本番で、ある局面に直面したときに、どう行動し、どう考えるかを決めているか」で決まると思っていました。たとえば、「知らない肢が出てきたらガッツポーズする」です（第6章●知らない肢にガッツポーズ参照）。その他の思考法は、第9章モチベーションを高め続ける具体的思考法で説明します。

あとは、生まれ持った本番の強さもあるでしょう。ですが、これはいくらでも変えられます。私は生まれつき本番に強いタイプではありませんでしたが、本試験当日には本番に強くなっていました。

●マイナーでないマイナー科目

受験勉強を始める前に試験について調べた時に、マイナー科目という名前が付けられている科目があることを知りました。マイナー科目とは、午前の憲法（3問）・刑法（3問）、午後の民事訴訟法（5問）・民事保全法（1問）・民事執行法（1問）・司法書士法（1問）・供託法（3問）を指します（これと対比して、午前の民法・会社法（商法）、午後の不動産登記法・商業登記法を主要科目と呼びます）。**ここがチャンス**だと思いました。マイナーという言葉は、「少ないほうの」という意味で使われているのかもしれませんが、一般的には「重要でない」とか「二流の」というイメージを持つでしょう。他の受験生がマイナー科目を軽視していることが多いと考え、そこで点数を稼ぐべきだと思いました。

たとえば、司法書士法は1問しか出ませんが、司法書士法が復活した平成15年度以降の問題を見ると「業務」「司法書士法人」「登録」「懲戒」を勉強するだけでほとんど正解できます。「業務」「司法書士法人」「登録」「懲戒」は、テキストでは30～40ページ程しかありません。学習時間に対して、得点効率のよい科目です。合格体験記を読むと、「司法書士法を捨てた」などという人がいますが、真似してはいけません。割に合う科目ですので、必ずページ数に応じた時間をかけてください。ただし、民事執行法は、範囲が広いためページ数が多くなります。しかし、不動産登記（記述）とも絡むので学習しないわけにはいきません。

私は、このマイナー科目について以下のような得点計画を立てていました。

・憲法（3問）・刑法（3問）は、できれば全問取る（最悪でも1問ミスで済ませる）
・民事訴訟法（5問）・民事保全法（1問）・民事執行法（1問）は、最低5問は取る
・司法書士法（1問）・供託法（3問）は、全問取る（最悪でも1問ミスで済ませる）

結果は、17問中14問でしたので、ギリギリですが計画していた点は取れました。
マイナー科目は学習時間と得点効率を考えると、非常に割に合う科目なので、決して手を抜かずにページ数に対応した量の勉強はきちんとして、ここでも点数を取ってください。

●最も割に合う登録免許税

マイナー科目以上に割に合う分野があります。それは、司法書士試験の全範囲の中で、最も少ない労力で得点できる登録免許税という分野です。登録免許税とは、序章●記述は書いて書いて書きまくる?でご紹介した登記申請書の四角の1番下にある項目のことです。登記の種類によって税率・税額が規定されています。序章でご紹介した売買による所有権の移転の登記の税率は、1、000分の20です。課税価格1、000万円であれば税率1、000分の20をかけて登録免許税20万円となります。登録免許税は、不動産登記法と商業登記法の表1枚ずつを思い出せるようにするだけで点数が取れます（ただし、登録免許税法第13条第2項など一部プラスアルファで勉強しなければいけない知識もあります）。しかも、毎年必ず出ます。

このような分野は、他にありません。記述だと例年、不動産登記で6~8箇所・商業登記で1~2箇所問われますから、1箇所0・5点だとしても最低3・5点です。また、択一で1問出ることが多いので、択一・記述の合計で5~7点ということです。間違いなく、最も割に合う分野です。マイナー科目もそうですが、このように**勉強した時間に対するコストパフォーマンス**を冷静に分析して勉強してください。他の受験生の方が見逃しているコストパフォーマンスの高い分野の対策をきちんとすれば、こんなにおいしいことはありません。

私は、古典的な方法ですが、テキストの不動産登記法と商業登記法の登録免許税の表をコピーして、1枚ずつトイレの壁に貼っていました。必ず出題される最もおいしい分野ですので、本試験当日までに完璧にしておくために、毎日必ず目にするようにトイレの壁に貼ったのです。

●訳すだけでいいことも

コストパフォーマンスという点から、効率的な選択肢の正誤の判断の仕方をご紹介します。選択肢の正誤を判断する上で、選択肢のある言葉が何を指しているか言い換えられればいいだけという場合も実はたまにあります。平成22年度の問題だと、この憲法の問題がそうでした。

平成22年度（午前）第2問

オ　ある特定の宗教法人に対して国が解散命令を発することは、国が当該宗教法人と密接にかかわることになるから、政教分離の原則に違反し、許されない。

冒頭の「ある特定の宗教法人＝オウム真理教」だったと思い出せるかどうかだけという肢です。何も悪いことをしていない他の宗教団体に解散命令なんてしたら、憲法違反になるでしょう（おそらくですが）。しかし、あれだけのテロを起こした団体に解散命令を出すことが憲法違反になるはずがないということは、法律の勉強をしていない人でもわかります（実際の判旨には、きちんとした理由が書いてありますが、本肢では、結論さえ判断できれば正誤が出せますので、それについては省略します）。

今度は過去問ではなく、条文の知識でも使えるのかを見てみましょう。

民法５１０条　債権が差押えを禁じたものであるときは、その債務者は、相殺をもって債権者に対抗することができない。

これはたとえば、こういうことです。従業員が家を買うときに勤務先の会社が1、０００万円を融資したとして、会社が「1、０００万円を貸しているのだから2年間給料無しね」と言うのはOKですか？と聞いているのです（この例では、「債権が差押えを禁じたもの」とは従業員が会社に対して請求できる給料債権のことであり、「債務者」とは会社のことであり、「債権者」とは従業員のことです）。こう聞かれれば、法律を勉強してない人でもわかると思います。もちろん、「2年間給料無しね」とは言えないですから、「相殺をもって債権者に対抗することができない」となります。

法律はやたらと難しい言葉を使っていますが、言葉の難しさに惑わされないことが大事です。実はたいしたことを言ってないということも多々あります。

第2章 受験を志して ～本試験当日までのスケジュール

●資格を取ろうと思ったきっかけ

平成21年の12月の話です。12月末、祖母が亡くなりました。祖母は他人の心配ばかりする、非常に心配性な人でした。海水浴に行くというだけで、「危ないから」と本気で心配するような人でした。高校を中退したことはまったく後悔していないのですが、祖母に非常に心配をかけたことだけは、まだ心が傷んでいます。高校を辞めてから6年間、申し訳なくて顔を見せられませんでした。6年間そんな状態だったのに、平成21年の12月半ば、飛行機に乗って会いに行きました。体が悪かったので入院していましたが、急変の知らせを受けたわけではありません。なぜか急に、「行かなくては」と思い立ち、すぐに出発しました。

1週間後、祖母が亡くなりました。6年間会っていなかったのに、遠くに住んでいたのに、親戚の中で祖父を除いて最後に会った人が私になりました。何かの力が働いていたのだと思います。亡くなる1週間前に会った日、祖母は本当に喜んでくれました。その時、今までの申し訳なさで、涙が出てきました。どんなに感動的なドラマや映画を観ても、小説を読んでも、涙が出たことはありません。司法書士試験に合格した時でさえ、泣きませんでした。顔を見せただけですが、最後の最後に少しでも罪滅ぼしができたのかなと、今でも思っています。その時にもらった、お小遣い3、000円をお守りにして試験に臨みました。

葬式の最中に思いました。「心配をかけることのない、立派な仕事がしたい」――これが、資格を取ろうと思ったきっかけです。その時点では漠然としていましたが、資格を取るということは決めていました。

おばあちゃん、受かったよ……。

●司法書士に決めた理由

お恥ずかしい話ですが、明確な理由があって司法書士に決めたわけではありません。そもそも勉強を始めるまで、司法書士の基幹業務である登記というものさえ知りませんでした。簡易裁判所の代理権がある（司法書士試験合格後、特別研修を受けて認定考査に合格する必要があります）ということも勉強を始めた後で知りました。

最初は、行政書士試験を受けようと思っていました。ですが、試験日を調べたら、かなり時間がありました。だから、「そういえば、司法書士って資格あったな～」と思い出しました。もちろん、司法試験は知っていました。行政書士も、昔「カバチタレ」というテレビドラマを観たことがあったので、なんとなくですが知っていました。

司法書士は……何年か前にニュースで「1ヶ月間家賃を滞納しただけでアパートの鍵を交換する管理会社」みたいな特集があり、滞納した人の側の法律家として司法書士が出てきたのを観たことがありました。そのようなイメージしかなかったので、試験についても、「司法書士試験は、司法試験よりは簡単で、行政書士試験よりは難しい」という程度の認識しかありませんでした。

その程度の認識で、ネットで司法書士試験の試験日を調べてみたら、半年もありませんでした。なぜかわかりませんが、「ギリギリ間に合うから、受けよう」と決めました。司法書士と思いついてから、受けようと固く決心するまで、5分もありませんでした。「登記」という存在や、合格まで平均4年かかることを知る前に、「絶対に合格できる」とまったく根拠のない自信を持ちました。「考えてから行動する」ということは、もちろん重要です。しかし、**色々と考えて行動できないくらいなら、まず行動したほうがよっぽどマシ**です。

これは、勉強法にも当てはまります。本書に書いている勉強法は、もちろんその方法を採る理由も書いていますが、納得できないこともあるかもしれません。ですが、一度試してみてください。それでも効率が悪いと思ったら止めてください。「色々と考えるより、とにかく行動してみる」という姿勢も重要です。

私は、いつも決めるのには、まったく迷わないタイプです。高校を辞めるときも5分も迷いませんでした。扶養家族がいる方は、ここまで考えずに行動できないでしょうが、可能な限り自分の直感を大事にしてください。本書をお手に取っていただいたということは、直感的に司法書士に何かを感じられたのでしょう。

効率的な勉強法は本書に書きました。あとは、あなたが決断するだけです。

column

◆

情報集め

私は、勉強を始めるにあたり、まず勉強法についての情報を集めました。司法書士試験に関するモノに限らず、一般的な勉強法の本や脳科学の本を読み漁りました。その中では、特に脳科学の権威である池谷裕二先生の本が役に立ちました。

勉強を開始したのは、1月31日です。その前の1週間くらいは、インターネットでいくつかの予備校の無料ガイダンスを観て、テキスト・六法・過去問はどんな受験生でも使うのだということがわかりましたし、情報の一元化など序章で書いたことを知りました。色々な情報を参考にしながら、これは違うのではないかという部分も多々ありました。

司法書士試験を受けようと思い立ち、合格するために何が必要かと考えると、まずは勉強法・試験についての情報を集めることだと思ったわけです。そして司法書士試験の講座の無料ガイダンスをインターネットで観るなどして、司法書士試験の概要、大枠を理解し、ある程度の勉強法を考えたうえで勉強をスタートしました。ですが、スタートしてから考えた勉強法も多々あります。

予備校のガイダンスを聞いた時にも、試験に対する考え方について、色々な講師の方が色々なことをおっしゃっていました。基本的には、良いと思うところは自分に取り入れました。たとえば、「とにかく勉強以外しないような生活をすることが最も重要である」とおっしゃっていた講師の方がいたので、それが受験生の当たり前の姿だと思い実行しました。また、他のある講師の方は、「楽しく勉強できなければ続かない」ということをおっしゃっていました。これも、そのとおりです。法律の知識、たとえば、相続に関する知識を自分の親族に当てはめてみて納得したり、「この法律はこういったときに使えるのではないか」と考えたりすることが非常に楽しかったです。継続して勉強するには、楽しむことも大切です。

　なお、予備校・講師の発信する情報は、出題率や重要度などがわかるので部分的には重要です。私は、試験の前日まで講師のブログなどを見ていました。

●もう1つの支え

私は1日17～20時間勉強していました。1日17～20時間勉強するために必要なことは後述しますが、後述することは一般的に当てはまることです。それとは別に、私独自の支えとなった〝モノ〟がありますので、それをここに書いておきます。

それは、私の経歴である「高校中退」です。高校を中退したことは、全く後悔していませんし、そのおかげで精神的にも大変強くなりました。ですが、**履歴書の「高校中退」という4文字**のせいで苦労したことは何度もあります。バイトの面接さえしてもらえない、面接してもらってもあえてその部分には触れられず不採用ということが多々ありました。私の推測ですが、後者は、面接官が「聞いたら悪いかな」と思い遠慮しているのだと思います。そして、辞めた理由を面接官が想像で補っているのだと思います。高校を中退したことを後悔はしていませんが、今までの人生で足かせになっていたのは紛れもない事実です。だから、それを吹っ飛ばし、自分を認めさせるパスポートが欲しい気持ちはずっと前からありました。そのパスポートが、司法書士という資格となったのです。

こういった経験が心の支えとなったため、「絶対に合格したい」という気持ちは日本一あった自信があります。

みなさんの中で、高校を中退した経験がある方はほとんどいないでしょう。もちろん、「絶対に合格したい」という気持ちを持つために、高校を中退していなければいけないわけではありません。ですが、みなさんの心の中には、**何かしらの〝モノ〟**があるはずです。今までの自分の何かを変えたいから、この資格を取ろうと思ったのだと思います。人それぞれ違うでしょうが、その何かしらの〝モノ〟が、勉強を始めた日から本試験当日まで、みなさんの支えになります。

合格すれば、様々なことが変わります。もちろん、周りの評価も変わりますが、何より、**自分の中で何かが変わります**。それだけは、保証します。

●法律の学習経験は、超短期合格に必要か？

私は、法学部を出たわけでもありませんし、司法書士試験の勉強を始めるまで法律の学習をしたことはありませんでした。また、予備校に通っていたわけでもありません。子供の頃から、法律に興味はありましたので、弁護士さんが出てくるテレビドラマや法律相談のバラエティー番組などは観ていました。よって、「借金があっても一定期間経過すれば返さなくてよくなる」ということくらいは知っていましたが、法律に関する知識といえばこのレベルです。そんな程度の知識しかなかった私が、なぜ5ヶ月で合格できたのか？　法律知識がなかったことへの対処法は、以下の2点でした。

①想像する
②用語がわからなくても気にしない

法律に興味があったのに法律の勉強が嫌になってしまう原因は、何を言っているのかわからなくなってくるからです。次のことは、法律を初めて学習した人には必ずと言っていいほど起こります。

Ⅰ　テキストの事例が無味乾燥でよくわからない
Ⅱ　難しい用語が多くてよくわからない

まずⅠについてですが、テキストに書いている事例は、そのまま読むとイメージが湧かないこともあります。たとえば、「甲が、乙に１００万円を貸した。乙は、弁済期になっても返済しようとしないので、甲は訴訟を提起することにした」といったような記載がテキストにはあります。基本的な事例ですが、これを見て実際の事件のイメージが浮かぶでしょうか？

ここで何も意識せずにイメージが浮かぶかどうかの違いは、人生経験にあります。実際に、お金の貸し借りを経験したことがある人は、この事例を見てすぐに、「甲が私で、乙が友人の○○だ」などと思い浮かびます。そうすると、ただ文字を読んでいるだけの人よりも、実際の事件を頭に思い浮かべながらテキストを読むことができますので、ポイントも容易に把握でき、印象にも残ります。この点、私は同年代の人たち（私は、受験勉強をしていたときは23歳でした）よりも有利でした。なぜなら、高校中退後、アルバイトなどをした後、19歳からサラリーマンをしていたからです（受験勉強開始時点では、すでに退職しています）。小さい会社であったため、毎日、社長と話していましたし、社長の業務も側で見ていました。会社は、様々な取引をします。ですから、その実体験によって、テキストの事例を容易に思い浮かべられることは何度もありました。また、10代で自分で生計を立てて生活していた経験があったため、その年齢にしては人生経験がありました。先ほどの事例のように、お金を貸した経験（金銭消費貸借契約）もありますし、マンションを借りた経験（賃貸借契約）もありました。

しかし、社会経験の少ない学生の方であっても、この点を補うことは可能です。それが、前記の①です。実体験がないなら、**想像すればいい**のです。私も、テキストのすべての事例の経験があるわけではありません。というより、経験したことのない事例のほうが、圧倒的に多いです（これは人生経験のある人でも同じです）。その部分は、ドラマや漫画の場面を思い浮かべるなどして想像します。詳しくは、第5章第6節●知り合いを当てはめるで記述します。

次にⅡについてですが、これは法律というものが、日常用語ではまったく使わないような用語を多用する、または、日常用語と同じ文言なのに日常用語と違う意味で使われる、といったことが原因です。前者後者ともに、解決策は前記の②です。すぐにその用語に慣れるのは難しいので、どんどん進んでしまいましょう。たとえば、私が、「悪意」という用語が「害する意図がある」という意味ではなく「ある事情を知っている」という意味だと〝自然に感じるように〟なったのは、本試験の２ヶ月程前の５月になってからでした。５月までは、どうしても日常用語で使う「害する意図がある」という意味が浮かんでしまいました。すべてに共通することですが、本試験当日に合格最低点以上を取れる状態になっていればいいのです。

column

◆

一発合格者の意外な真実

法律の学習経験もなく、社会人経験もない方は、「自分は超短期合格はできないのではないか？」と思っていらっしゃるかもしれません。ですが、ご安心ください。意外に思われるかもしれませんが、一発合格者には、法律の学習経験・社会人経験の双方がない方も多いです。むしろ、合格者全体に対する割合に対して、一発合格者には、こういった方の割合が高いです。

また、一発合格者というと、東大・京大・慶應・早稲田といった一流大学出身の方が多いと思われがちですが、これも真実ではありません。一流大学の出身ではない方や、そもそも大学ではなく専門学校や高校しか卒業していないという方も多くいます。合格者全体に占める割合では、大卒の方が圧倒的に高いのですが、一発合格者に占める割合では大卒ではない方の割合はそれよりも高くなります。

このような方たちが一発合格できるのはなぜでしょうか？　それは、**プライドがない**からです。こういう方たちには、「変えることのできない自分流の方法」というものがありません。ですから、効率の良い方法を柔軟に吸収できるのです。また、「自分は、他の人たちよりも頭が悪いから、他の人たち以上に勉強しなくては」と自然と思います。このように、謙虚さをもってひたむきに努力しているうちに、最初ははるか後ろからのスタートだったにもかかわらず、本試験当日には合格最低点以上を取れるようになっています。

〈第１クール　１月31日〜４月30日〉（テキスト１周目）

7:30	起床
8:00〜11:00	２日前の分をサラっと復習
11:00〜16:00	１日前の分をしっかり復習
16:00〜25:00	新たにテキストを進める
25:00〜25:30	勉強法の本を読む
25:30	就寝（睡眠時間は６時間です）

●日々のスケジュール

上記のスケジュールは、私の受験勉強時のものですが、平均するとこのようになるというものです。勉強のスタンスを時間制ではなくノルマ制にしていたので、実際には日によってかなりばらつきがありました。

本試験までの期間を3クールに分けていました。

まず、第1クールです。休憩時間について書いていませんが、この第1クールに2回昼寝をしました。メインの休憩は、飲み物を取りに家の中を移動することです。食事は5分程度で食事中も勉強していましたので、書くのを省きました。また、入浴中は、替え歌を歌ったり、その日の復習で思い出せなかった所が思い出せるかを確認していましたので、これも書くのを省きました。勉強はテキストなどがない時でも十分できますので、ぜひお試しください。特に入浴中は、身体と脳がリラックスするので最高の環境です。

〈第２クール　５月１日～６月25日〉（テキスト２周目）

6:30	起床
7:00～ 9:00	民法過去問
9:00～ 9:30	学説問題対策
9:30～12:00	２日前の分をサラっと復習
12:00～17:00	１日前の分をしっかり復習
17:00～25:00	テキストを進める
25:00～25:30	テレビまたはテレビを録画したモノを観る
25:30	就寝（睡眠時間は５時間です）

次に、第２クールです。日曜だけは、年度別の過去問・模試で本番形式の問題を解いていたので、日曜はそれを解くこととその復習だけです。

「民法過去問」とあるのは、私が使用していたテキストに掲載されていなかった分の民法の過去問を、この第２クールに初めてこなしたからです。民法の過去問は第１クールにこなしたかったのですが、ノルマをこなすのが手一杯でできませんでした。もっと早くこなすのが理想です。このクールは６月13日までに終わらせるつもりでしたが、計画以上に時間がかかってしまい、終わったのは６月25日でした。

〈第３クール　６月26日～本試験前日〉（テキスト３周目）

6:30	起床
7:00～ 9:00	１日前の分をサラっと復習
9:00～25:00	テキストを進める
25:00～25:30	テレビまたはテレビを録画したモノを観る
25:30	就寝（試験前日のみ24:00に就寝）

最後に、第3クールです。この第3クールは、もう本試験の超直前期と言われる時期ですから、第2クールで思い出せなかった箇所だけをひたすら詰め込みました。最後のクール以外は、思い出し方・立法趣旨・理由などを考える必要がありますが、この時期はそんなことをしている場合ではありません。最後にテキストを回す時は、その前に回した時に思い出せなかった箇所を**結論だけ無理矢理にでも頭に詰め込む**べきです。

具体的には、小学生の時に九九を頭に詰め込んだのと同じようにします。「5かける6は？」と聞かれたら、考える前に「30」と反応する訓練をしたと思います。それと同じです。たとえば、「要件」を聞かれたら、考える前に「効果」が出てくるようにします（「要件」「効果」については、第4章●脳内復元の具体的なやり方参照）。その箇所は、本試験が終わって1週間もすれば思い出せなくなってしまうでしょうが、それで構いません。よっぽどの余裕がない限り、最後の最後は火事場の馬鹿力で無理矢理にでも頭に詰め込んでください。

ある人の合格体験記には「本試験前日は一切勉強しなかった」

とありましたが、ギリギリ間に合った私の場合は最後の追い込みで決まりました。司法書士試験の1週間前に受けた模試の成績は、午前27問・午後24問・記述5割程度でした。実は、この結果を受けて「本試験にギリギリ間に合った」と思い、大きな自信になりました。間違えた所を分析したところ、テキストの2周目で思い出せなかった所が思い出せるようになれば30問正解できたことが判明したからです。テキストの3周目に入ったばかりの時期でしたから、「あとは2周目で思い出せなかった箇所を思い出せるようにするだけ」とわかりました。そして、丸暗記（詰め込み）で合格点までもっていきました。

エビングハウスの忘却曲線（私は「思い出せなくなる曲線」と思っていますが）からもわかるとおり、超直前期なら丸暗記（詰め込み）も十分効果があります。**最後の最後は「試験当日さえできればいいや」という割り切り**が大事です。

column

◆

勉強計画を立てるコツ

スケジュールを立てる時のコツは、時間制ではなく**ノルマ制**（何ページ進めるかなど）にするということです。ノルマを立てるには、本試験から逆算していく必要があります。具体的には、以下の順番で計画を立てていきます。

①本試験までに何回テキストを回すかを決める

本試験までにどんなに少なくても最低３回はテキストを回す必要があるでしょう。時間的な余裕があれば、４回、５回…と多いに越したことはありません。

②本試験までの期間に、テキストの各回にどれくらいの期間を割り振るかを決める

何回テキストを回すかを決めたら、それを本試験までの期間に割り振ります。回数を重ねるうちにかかる期間は短くなりますので、１回目、２回目、３回目…と期間を短くしていきます。

③１回目のテキストを回す期間内で、どの科目に何日かけるかを決める

この割り振りは、基本的にはテキストのページ数で考えます。ご自身がお使いになるテキストの各科目が何ページあるかを確認して、そのページ数に応じた日数を割り当てます。始めたばかりのころは本書の勉強法にまだ慣れていないでしょうから、最初のほうの科目にかける日数は多少余裕を持たせてください。

④１日にテキストを何ページ進めるかを決める

これも、各科目のテキストのページ数を③で決めた日数で割るという方法で算出します。

まずは、このようにして立てたテキストを回す１回目の計画を必ずやり遂げてください。そして、１回目が終わった段階で、各科目の理解度に合わせて２回目の③・④の計画を考えてください。得意と思われる科目にかける時間は短くし、苦手と思われる科目にかける期間は長くします。こういった具合で、テキストを１周した時点で次のクールの計画を立てます。

〈第１クール　１月31日～４月30日〉（テキスト１周目）

１月31日～２月25日	民法
２月26日～３月15日	不動産登記法
３月16日～４月10日	会社法・商業登記法 不動産登記（記述）
４月11日～４月17日	民事訴訟法・民事執行法・民事保全法 商業登記（記述）
４月18日～４月20日	供託法・司法書士法 商業登記（記述）
４月21日～４月26日	刑法 商業登記（記述）
４月27日～４月30日	憲法 商業登記（記述）

●科目ごとの進捗状況

続いて、科目別の進捗状況です。

まず、第１クールです。会社法・商業登記法の期間に不動産登記の記述を勉強して、民事訴訟法・民事執行法・民事保全法～憲法の期間に商業登記の記述を勉強する計画にしました。民法・不動産登記法が終わった後も、民法系の科目に触れていたかったので、不動産登記の記述を持ってきました。同じ理由で、会社法・商業登記法が終わった後に、商業登記の記述を持ってきました。不動産登記の記述が終わっても、民事訴訟法・民事執行法・民事保全法そして供託法に入るため、民法系の科目にも触れていられるという計画です。会社法系は第１クールの最後まで、民法系は供託法が終わる４月20日まで触れていることにより、いずれかに偏り過ぎないようにしていました。

〈第２クール　５月１日～６月25日〉（テキスト２周目）

５月１日～５月18日	民法 商業登記（記述）
５月19日～５月29日	不動産登記法 商業登記（記述）
５月30日～６月11日	会社法・商業登記法 不動産登記（記述）
６月12日～６月18日	民事訴訟法・民事執行法・民事保全法 商業登記（記述）
６月19日～６月21日	供託法・司法書士法 不動産登記（記述）
６月22日～６月24日	刑法 不動産登記（記述）
６月25日	憲法 不動産登記（記述）

次に、第２クールです。科目の順番は、記述を除いて第１クールと同じです。民法系・会社法系どちらにも偏りすぎないようにする順番・構成になっています。民法が18日もかかってしまったため、このクールが計画よりも長引いてしまいました。民法に時間がかかってしまった理由は、勉強を民法から始めたため、第１クールの民法ではまだ勉強法が確立しておらず、第２クールで思い出し方のプロセスを作る箇所が多かったからです。また、第１クールが終わった段階で苦手意識のあった民事訴訟法・民事執行法・民事保全法にも時間を割いています。

〈第３クール　６月26日〜本試験前日〉（テキスト３週目）

６月26日	民法
	不動産登記（記述）別紙形式
６月27日	民法
６月28日	民法
	不動産登記（記述）別紙形式
６月29日	民事訴訟法・民事執行法・民事保全法
６月30日	刑法
	不動産登記（記述）別紙形式
７月１日	供託法・司法書士法
７月２日	会社法・商業登記法
	不動産登記（記述）別紙形式
７月３日	不動産登記法

最後に第３クールです。第２クールの計画が遅れてしまったため、この第３クールでは全ての科目を回せませんでした。このクールは、第２クールで思い出せなかった箇所だけを丸暗記です。第１クールで勉強法を確立できなかった民法および苦手意識のあった民事訴訟法・民事執行法・民事保全法を優先してこなしました。そして、仕上がり具合に不安があった順に刑法→供託法・司法書士法→会社法・商業登記法→不動産登記法とこなしました。なお、会社法・商業登記法と不動産登記法は範囲が広いので、このクールでできたのは、会社法・商業登記法は解散・清算・持分会社・外国会社、不動産登記法は総論の一部のみです。

なお、本試験１週間前の６月27日に、模試を受けていますが、この日は第２クールに年度別の過去問を解いた時や模試を受けた時と異なり、民法の勉強もしました。本試験１週間前なので、それだけ必死だったということです。

1日17時間勉強するには（時間制ではなく、ノルマ制）

合格後によくご質問をいただくのは「どうして１日17～20時間も勉強できたのですか？」ということです。１番の要因は、私の集中力のレベルが低いからです。本試験の問題を解いている時のレベルで集中していたら、こんなに長時間勉強することはできなかったでしょう。あと、今になって思うことは、「17～20時間勉強しよう」などとは一切考えていなかったからです。実は、１日17～20時間勉強していたことに気付いたのは、本試験終了直後なのです。本試験が終わって帰る途中に、友人に「飲みに行こう」と電話をしました。本試験当日に予備校で行われる検討会に行く体力はありませんでした。その電話で、友人に「どれくらい勉強していたの？」と聞かれて、「短い日で朝８時から夜１時まで」と答えたら、「17時間以上していたの⁉」と言われて、初めて気付きました。

勉強は、１日にどれくらいこなすか、というノルマ（私の場合、第１クールは１日50ページ、第２クールは１日１６０ページに設定していました）の問題なので、時間にこだわりすぎる必要はありません。ノルマが達成できたなら、１日10時間で止めても構いません。私の場合は、第２クールのノルマが特にキツかった（というより、その日のうちにこなせなかった）ので、どんどん時間は増えてしまいましたが。

「どうして1日17〜20時間も勉強できたのですか?」の答えは、「1日何時間勉強するかは、ノルマを本気でこなそうとした**結果であって、時間そのものは気にしなかったから**」です。

●誰でも1日17時間勉強できるのか?

初めに断っておきますが、もちろん、1日17〜20時間勉強すればそれだけで合格できる、というわけではありません。よく合格体験記に「努力すれば絶対に合格できる」とありますが、私にはとてもそんなことは書けません。努力しただけで絶対などと言い切れません。的外れな勉強をしていては、どんなに時間をかけても合格できません。ですが、司法書士試験に受かるのにかなりの勉強時間が必要なことに異論はありません。

1日17〜20時間の勉強と言うと、「そんなにできるか!」と言われそうです。でも、本当にできませんか?「できない」と言う人は、たとえば「少しはテレビが観たい」「少しは休憩も必要だ」などと言います。休憩はまだしも、「テレビが観たい」と思う人は、合格したいという気持ちが弱いだけです。冷静に考えてみてください。**合格した時の嬉しさと、テレビの面白さ、どちらを採りますか?** テレビの面白さを採る人は、迷わずテレビを観てください。

結局、合格したい気持ちがどれだけ強いか、ということです。司法書士試験の合格が、何よりも達成したい目標になっていれば、「勉強〝しなければ〟」と考えることさえなく、自然と勉強できる

著者が勉強中ずっと座っていた自室の床。5ヶ月間でこのように剥げてしまった

時間はすべて勉強するようになります。勉強すれば必ず合格できるわけではありません。ですが、勉強しないと合格できない、それだけは真実です。「1日17～20時間」と聞くと物怖じするかもしれませんが、「できるか？」「できないか？」ということは考えないでください。「やるか」「やらないか」です。**人が「できない」というとき、99％の場合「やりたくない」だけです。**本当に合格したいなら、やります。

もちろん、以上の話は、専業の方または仕事をされている方の休日の話です。仕事をされている方は、平日は17時間もできるわけがありませんから、仕事の無い時間のすべてを勉強に当てるという発想で十分です。私は会社員時代の貯えがあったので5ヶ月間勉強のみに専念できましたが、そのような環境でない方も多いです。

column

◆

法律は楽しい

1日17～20時間勉強するのに、もう1つ大事な要素があります。それは、「法律の勉強を楽しむ」ということです。4ヶ月～1年程度、（専業の方は）1日中勉強し続けるわけです。その時間のすべてがつまらないとしたら、さすがに辛いです。ですから、勉強している時間は楽しい時間である必要があります。と言っても、無理して楽しむ必要はありません。勉強を始めた時の気持ちを思い出してください。数ある資格の中から司法書士を選んだわけですから、法律に興味があったのでしょう。私も、もちろん法律に興味がありました。小さい頃から、テレビで法律相談の番組やドラマを観ることが好きでした。法律に興味があるとは、この程度で構いません。

しかし、最初は興味があって楽しくても、勉強していくにつれて段々とつまらなくなってしまう人が多いのが現実です。なぜでしょうか？　その原因は1つです。「勉強している内容がよくわからなくなってくるから」です。誰でも、内容のよくわからない文章を読むのは苦痛です。司法書士試験の勉強は、段々と難易度が上がっていくわけではありませんが、多くの科目で、前に勉強した科目の知識が必要になります。たとえば、不動産登記法を理解するには、民法の知識が不可欠です。不動産登記法を理解するのに必要な民法の知識がなければ、不動産登記法の勉強が苦痛になるでしょう。

ここで、「それじゃ、不動産登記法を勉強する前に民法を完璧にしておかなければ」と思った方もいらっしゃるかもしれません。ですが、その考えは間違いです。不動産登記法を理解するために民法の細かい知識が必要なわけではありません。民法の中の基本的な部分さえ理解していれば十分です。また、「すべて完璧にしなければ」と思ってしまうと、そのことが苦痛になってしまい勉強が楽しくなくなります。テキストに書いている内容のすべてを完璧に理解することは講師であっても不可能ですし、そこまでする必要もありません。実際に、合格者ほど、「ここは、今はわからなくてもいいや。いつかわかるだろう。本試験直前までわからなければ、最後に丸暗記すればいいや」くらいの割り切りができています。

ですから、わからない所があっても自分を責めるのではなく、**「基本的な部分さえわかっていれば十分だ」**と割り切ってテキストを読み進め、楽しむことを重視してください。みなさんは、法律に興味があったため、この資格の勉強を始めたわけですから。

●勉強は自宅で

自習室や図書館は、利用しないで済むなら利用しないほうが良いです。理由は2つあります。

①声を出せないから
②持っていく物が多すぎるから

①は科学的にもかなり当たり前になっていることです。自分で声に出すことは**能動的**な行為なので、脳の海馬《かいば》という部分が活発に働きます。能動的な行為が脳に良いのは、みなさんも実感しているはずです。たとえば、授業を聞いているとき・テキストを読んでいるときに眠くなった経験は誰でもあるでしょう。それに対して、自分が話しているときに眠くなったことはありますか？ ないですよね。「聞く」「読む」という行為はどうしても受動的な行為なので、意識的に集中してないと眠くなってしまいます。ですが、「話す」という行為は能動的な行為ですから、意識せずとも眠くなったりしません。こういった現象からもわかるとおり、能動的な「話す」という行為は脳に大変良いのです。ですから、テキストを読んでいるときも定期的に声を出すべきです。具体的には、条文・判例など試験に直接出る箇所を声に出します。

②は勉強が進んでくると特に多くなります。全科目を横断的に見る必要があるため、机の上には

5冊くらいのテキストを開いて置いておくのが普通になってきます。序章でも書きましたが、受験界には「11科目が1つの科目と思えた時が、合格レベルに達した時である」という格言があります。これは、各科目の関連性を自然と意識できるようになる、ということです。たとえば、民法（午前科目）という実体法を具体的に実現するために、不動産登記法や民事訴訟法（午後科目）などの手続法があります。このように、司法書士試験の科目は、各科目が色々な形で絡み合っています。その関係性を理解できるようになると、各科目が立体的に見られるようになり、第7章で述べるような「知識だけでは解けない問題を推理で解く」ということができるようになります。この受験界の格言は、非常に重要です。

ですが、どうすれば各科目の関係性を理解し立体的に見られるようになるかという具体的なやり方は、今まで受験界ではほとんど示されませんでした。言葉だけがひとり歩きしていました。そこで私は、具体的なやり方を考えました。そのやり方の中心が、第5章第2節リレイティング・リコレクト法です。この方法を使えば、本当に各科目が立体的に見えてきます。

勉強は自宅でできるのが理想ですが、自宅にいられる時間が少ない人も多いでしょう。私も、まったく外に出なかったわけではなく、美容院に行ったり、模試を受けに行ったりはしていました。移動中の電車内でテキストを読むことは当たり前なのですが、それ以外にも時間を無駄にしない有効な勉強法があります。それは、〝歩きながら頭の中で勉強する〟という方法です（第4章●歩きながら脳内復元参照）。

column

◆

アンダーライン・マーカーは悪いのか？

テキストや六法にアンダーラインやマーカーを引く人は多いでしょう。これに対しては批判的な意見もあります。アンダーラインやマーカーを引いたことで勉強した気になって満足してしまう、引いていない箇所を軽視してしまうといった理由からです。

ですが、アンダーラインやマーカーは、引いたほうが良いです。勉強した気にならずに、引いていない箇所もきちんと勉強すればいいだけです。

そのような恐れよりも、色をつけることで思い出しやすくなるという効用の方が大きいのです。「ここは赤だったから」というきっかけで思い出せることもあります。私は、マーカーよりアンダーライン派でした。具体的には、結論部分を赤、理由を青、複数の知識にまたがることを緑、としていました。たとえば、後述する、第５章第１節の算数的リコレクト法の（原則）（例外）（定理）は緑で書き込んでいました。

●出題予想はしなかった

直前期にはヤマ当て講座があったり、受験生自身が独自に予想したりします。私も、出題予想の本を買おうかどうか迷いました。1度目に迷ったのが、テキストの1周目が終わった4月の終わり、2度目に迷ったのが、2周目が終わった試験9日前です。予備校の予想はある程度当たりますので、買う価値はあると思いました。けれど、本屋まで行ったのですが結局買いませんでした。理由は、出題が予想されていない分野について手を抜いてしまうのではないかと思ったからです。直前期にはどうしても範囲を狭めたくなってしまっていました。「ここは苦手だから出なきゃいいな……」と思うことがよくありました。その苦手な分野が、出題が予想されていない分野であったら確実に逃げてしまっていたと思います。プラス面よりもマイナス面のほうが気になってしまい買えませんでした。

よって、予想される所を重視しつつも、満遍なくやるということができる精神状態の方なら、こういう講座や本は大変役に立ちます。

column

◆

口述試験とは

筆記試験に合格すると、10月半ばに行われる口述試験という試験を受けることができます。ですが、これは落ちるような試験ではないので安心してください。遅刻したり、よほど変な態度を取ったりしない限り落ちません。お恥ずかしい話、私も口述試験の出来は最悪でした。不動産登記法→商業登記法→司法書士法の順番で聞かれたのですが、商業登記法の出来が悪かったため、司法書士法の質問が終わった後に商業登記法をもう１度聞かれた程です。それでも合格できましたので、まず落ちるような試験ではありません。

落ちる試験ではないのですが、口述試験の試験後から合格発表までの３週間程度を安心して過ごすために、最低限、司法書士法の勉強だけはしておいたほうがいいです。司法書士法は、筆記試験ではまず問われない１条（使命）・２条（職責）が、かなりの確率で問われます。そんなに長い条文ではないため、この２つは暗唱できるようにしておきましょう。あとは、予備校の口述試験用の模試を受ければ、教材を渡されるので、それで勉強してください。勉強を開始する時期は、筆記試験の合格発表後で十分です。

第3章 受験界の2つの大きなウソ

第1節 「インプット＝テキスト、アウトプット＝問題を解く」という発想が合格へ最も遠回り

●インプットもアウトプットもテキストで

「王道は大事である」ということを書きましたが（第1章●王道は大事参照）、受験界にある「常識」というものは、危険であることも多いです。私は過去問の大部分を1回しか解いていませんし、答練は受けていません。勉強時間のほとんどがテキストを使った勉強でした。ですが、勉強のメインはアウトプットです。今、頭に「?」マークが浮かんだ方は、危険な誤った「常識」に支配されています。その常識とは、

「テキストの勉強＝インプット、問題演習＝アウトプット」と分けること

これが、合格までの道のりを最も遠回りにさせる「常識」です。最初に聞いた時、「変なことを言うな～」と思い、辞書で調べました（余談ですが、「覚える」とか「忘れる」とかもよく辞書で調べます。当たり前に使われている言葉の意味ほど気になります）。勉強での意味は、インプットは「頭に入れる」、アウトプットは「頭から出す」という意味です（辞書では、「入力する」「出力する」などとあります）。ということは、**アウトプットの最も適した教材はテキストそのものです**。ここでも「？」マークが浮かんだ方は多いでしょう。ほとんどの受験生がテキストを読むときにアウトプットをしながら読んでいないので、非常に非効率的な勉強になってしまっています。もちろん、初めてテキストを読むときはインプットです。ですが、次に復習するときはアウトプットがメインになります。1度読んだテキストの復習方法のメインは、「思い出し方のプロセスを再現し、テキストのポイントを思い出せるか（アウトプットできるか）」ということになります。テキストは、そのほとんどが問題形式ではありませんが、ポイントを思い出そうとしながら読めば、アウトプット教材となります。なぜなら、前述しましたとおり、「頭から出すこと」がアウトプットであるため、「テキストのポイントを思い出すこと」がアウトプットとなるからです。テキストのポイントを思い出すということは、まさに「アウトプット」（頭から出すこと）です。

「『アウトプット』の本当の意味は、単に問題を解くことだけでなく、頭から出すことである」ということは、普段の学習において非常に重要なものとなりますので、常に意識するようにしてください。

※テキストには、過去問などの問題が掲載されているモノがあります。しかし、ここでいう「テキストでアウトプットする」とは、テキストに過去問などの問題が掲載されていなくても同じです。アウトプットの対象は、テキストの問題部分ではなく説明部分だからです。

テキストでアウトプットする例を1つご紹介します。リレイティング・リコレクト法（第5章第2節参照）で、「＝民ＩＰ67」とテキストのあるページに書き込んであったとすると、ページをめくって民法Ｉのテキスト P67にたどり着く間に、そこに書いてある関連事項を思い出します。関連事項を、ページをめくっている間に**「頭から出す」**のですから、紛れもないアウトプットです。

これは、テキストを使ったアウトプットの一例にすぎません。あくまで目標は、テキスト自体（もちろん、1字1句という意味ではなく、ポイントだけです）をアウトプットできるようになることです。

このような方法でテキストを勉強しますので、私のアウトプットのメイン教材はテキストとなりました。

●なぜ過去問（問題形式）がアウトプット教材として不十分か

アウトプットはテキストでするべきです。しかし、ほとんどの受験生が過去問を解くことをアウトプットの中心にしています。なぜその方法が**不十分な**アウトプットで、合格へ遠回りになるのかを説明します。

たとえば、不動産登記法で学習する売買による所有権の移転の登記の添付情報を正確に記憶しているか（不動産登記法では、ある登記を申請するときに、どのような情報を添付するかを理解していることは非常に重要です。択一でも記述でも頻繁に問われる項目です）を択一形式で問うとすると、相当困難です。「登記義務者の印鑑証明書を添付する必要はない」という肢があったとして、これに×がつけられても、実際に申請書を作成するときに「印鑑証明書」と書けるかどうかは定かではありません。申請書を書くときに印鑑証明書を書き漏らすようなレベルであったとしても、この肢のように問われれば「印鑑証明書について考えろ」と言われていますので「あ〜、そういえば必要だったな」と思い出せる可能性も大いにあります。

こういう欠点があるため、過去問を解くときに、理由まで考えるという方法を採る人もいます。ですが、「印鑑証明書」というフレーズが出てきてしまっている以上、どんなに工夫しても不完全です。「印鑑証明書」というフレーズが肢にある以上、**印鑑証明書の存在自体が頭にあるかどうかの確認**は不可能なのです。よって、たとえば、平成21年度〜平成24年度の不動産登記法の記述の添付情報の問い方（答案用紙に「印鑑証明書（要・不要）」とあり、要か不要に○をつける形式）や、平成25年度〜令和4年度の【添付情報一覧】から選択する問い方も、アウトプットとして不十分です（答案用紙を見ないで答えれば、まだ少しはまともなアウトプットになりますが）。売買による所有権の移転の登記の添付情報を正確に記憶しているかをチェックするには、「添付情報を全部書け」または「添付情報を全部口頭で述べろ」という問題形式以外はありません。

　結果的に、アウトプットはテキストを使って申請書ごと思い出せるようにするしかありません。また、検索先の一元化（本章第2節「情報の一元化」ではなく「検索先の一元化」参照）という意味でも、テキストをアウトプット教材にする方法が最善策です。

　念のため書いておきますが、もちろん、テキストのどの部分がどう問われたかを確認するという点で過去問はものすごく重要です。ですが、**「重要」であることと「何回も繰り返す」ことはまったくの別物**です。


（参考）売買による所有権の移転の登記の添付情報の例
・登記識別情報 or 登記済証←いわゆる権利証のことです
・登記原因証明情報←売買契約書またはその代わりになるものなどのことです
・代理権限証明情報←委任状などのことです
・印鑑証明書←売主様の委任状の印影が実印によるものであることを証するものです
・住所証明情報←買主様の住所を証するもので、住民票の写しが代表例です

第2節 「情報の一元化」ではなく「検索先の一元化」

●情報の一元化の落とし穴

受験界では、記憶すべき情報を何か1つのモノ（テキスト・六法・過去問など）に一元化すべきだと言われています。私も、「情報の一元化」と〝似たようなこと〟はしました。ですが、その目的が異なっています。その点で、受験界で言われている情報の一元化は間違っています。受験界で情報を一元化しろと言われているのは以下の理由です。

・**直前期（4月～6月）**に色々な教材を見る必要がないように

しかし、真に必要なことは、

・**本試験当日に**問題を解くときに、頭の中で思い出す**検索先を1つに特定**する

ということです。

このように目的がまったく（やり方も多少）異なるため、「情報の一元化」ではなく、「検索先の一元化」と呼んでいます。

本番では問題を読んで、自分が勉強してきたテキストなどの該当箇所を思い出さなければなりません。試験中、頭の中で検索します。その際にどこを検索するかを決めておく必要があります。つまり、普段から「本番で〝ここ〟を検索する」ということを想定し、それに親しんでおかなくてはいけません。この知識を聞かれたときは〝ここ〟を思い出すということに慣れ親しむために、検索先を一元化する（＝1つに特定する）必要があるのです。

前述した過去問を何度も解く必要がない、ということもこれが1つの理由となっています。検索するのに、どのページもレイアウトが似たような過去問に戻るのは効率が悪すぎます。

結論としては、**テキストを検索先のメインとし、本番では頭の中でテキストを中心として検索するのがベストです。**

●「検索先の一元化」に適した教材とは？

検索先の一元化のメイン教材に適したモノは、

1位……テキスト

2位……六法

最も不適切…過去問

です。六法は、体系的で試験に必要な情報の多く（ただし、結論のみ）が書かれている点では優れています。しかし、不必要な情報が多すぎるため、試験に出ない知識にまで目がいってしまう可能性があります。また、理由が書かれていないので、それを書き足すと、労力が莫大になってしまうという欠点があります。

　過去問は、同じ知識が何回も出てくるので、検索先の一元化の大敵とさえ言えます。たとえば、ある知識が平成16年度と平成12年度に出題されていたとすると、本試験当日に問題を解くときに、過去問集の平成16年度のページを思い出せばいいのか、平成12年度のページを思い出せばいいのか、わけがわからなくなります。また、体系的でもありませんし、どのページのレイアウトも似ているなどと欠点だらけです。

　よって、これらの欠点のないテキストが、検索先の一元化の教材として最も優れています。情報の一元化と異なり、検索先を一元化するという観点から考えますので、知識によっては六法・過去問・答練・模試から思い出しても構いません。たとえば、私の例で言えば、会社法は、もちろんテキストを検索先のメインとしましたが、会社法３２２条は六法で思い出していました。私が使用していたテキストは、会社法３２２条が色々なページに分かれていたので、六法から思い出したほうが良いと判断したからです。検索先の一元化とは、**「本試験である知識を聞かれたときに、どこを**

思い出すか決めておく」ということです。たとえば、会社法３２２条を聞かれたときに、テキストを思い出すのか、六法を思い出すのかを決めているということです。よって、会社法３２２条の検索先だけが六法となっても構いません。

　検索先の一元化とは「本試験である知識を聞かれたときに、どこを思い出すか決めておく」ということですので、このように**1つのテキストという物体に集約されている必要はない**のです。**あくまで自分の脳が基準であるため、検索先が決まっていれば、それがテキストであっても、六法であっても構わない**のです。このような考え方によるため、情報の一元化のように、１つの物体（教材）に情報を集約していく（書き込んだり切り取って貼り付けたりしていく）作業がほとんどなくなりますので、作業時間の節約につながります。また、本試験に持っていけるのは、教材ではなく、自分の脳だけですので、その点でも、検索先の一元化のほうが優れていると言えます。

　なお、過去問・答練・模試を検索先とする場合はどういう場合かと言いますと、その知識がテキストに載っていない場合です。

第4章

究極のアウトプットである脳内復元が最高到達点

●脳内復元の具体的なやり方

第1章●勉強法の理念（すべての出発点）で書いたとおり、私の勉強法の理念は「1度頭に入ったことはなくならないから、思い出し方を決めて思い出せるようにするのが勉強だ」というものです。この理念から導き出された本試験当日の理想の状況（最高到達点）は、テキストの脳内復元ができることです。

「脳内復元」とは、**テキストがない状態でテキストの内容を頭で思い浮かべられる（＝思い出せる）**ということです。もちろん、10冊以上もあるテキストの全ての箇所を1字1句正確に思い出すことは、特殊な能力を持った人間以外にできるわけがありませんから、「問題の答えを出すために必要な知識を思い出せるようになるレベル」ということです。この「問題の答えを出すために必要な知識」を判別するために、過去問があります。一般的な過去問の使用目的である「知識が身についているかの確認」としては、過去問は不十分です（第3章第1節●なぜ過去問（問題形式）がアウトプット教材として不十分か参照）。

　この「脳内復元」は、具体的には以下のような順番で行います。どんなテキストにも載っている消費貸借の条文で説明します。なお、金銭以外の物を目的とする消費貸借もありますが、試験には金銭を目的とする消費貸借以外は基本的に出ないので金銭の消費貸借の話として説明します。

> 民法５８７条　消費貸借は、当事者の一方が種類、品質及び数量の同じ物をもって返還をすることを約して相手方から金銭その他の物を受け取ることによって、その効力を生ずる。

①消費貸借のように有名な条文だと、テキストにはこのように条文の全文が載っているのですが、全文を暗唱できるレベルを要求される問題はありません。よって、どの部分を思い出せるようになればいいかを過去問で確認します。普通は、思い出すべきところは要件・効果です。「要件」とは（多少正確性を欠いて言えば）通常条文の前半に書いてある「条件」のことで、「効果」とは（多少正確性を欠いて言えば）「結果」のことです。民法５８７条でいうと、「返還をすることを約して」（返還約束）と「受け取ることによって」（金銭授受）が「要件（条件）」であり、「消費貸借は、……その効力を生ずる。」（消費貸借契約の成立）が「効果（結果）」です。ですが、この３つのうち、脳内復元の対象とする必要があるのは、線が引いてある「受け取ることによって」（金銭

授受）のみです。なぜなら、お金を借りる契約なのですから、「返還をすることを約すること」（返還約束）は当たり前です。「消費貸借は、……その効力を生ずる。」（消費貸借契約の成立）も、契約が成立するという結果ですから脳内復元をするほどではありません。

↓

――テキストで脳内復元（＝究極のアウトプット）をしていきます――

↓

②まず、テキストの章・節の題名を見ます（それだけだと厳しい場合は、設例形式の記述であれば、設例の問題を見ます）。この例だと、「消費貸借」が章または節の題名となっていると思われます。

↓

③テキストを机の上に広げたまま、目線を下に置いてあるテキストから外します。

↓

④目を閉じて、テキストに何が書いてあったかをブツブツとしゃべりながら思い出します。「消費貸借契約が成立するための要件は、返還約束だけでなくもう1つあったな……。そうだ！　貸す合意をした後に急にお金が必要になった貸主が貸すことを止められるようにするために、お金を受け取ることも必要になっていたな」というプロセスで「受け取ることによって」（金銭授受）を思い出します。この時、「テキストの左上には○○、左下には○○」などと言いながら、空中で左上

や左下に手を動かします（頭の中で再現しているテキストを空中で指さしています）。

←

⑤ある程度の所までしゃべるか、思い出せなくなったら、目を開けて下のテキストを見て確認します。

脳内復元は、このようにします。

下に置いてあるテキストを見ることなく重要箇所を思い出せるようになることが理想ですが、5ヶ月の勉強期間ではすべての重要箇所がその理想のレベルまではたどり着きませんでした。そこまでいかなかった部分の脳内復元は、次のようにしました。

日本語は、基本的に文の後半に結論がきます。よって、テキストの文の前半を読んで、その段階で後半を思い出します。「〜であるときは、……」などという構成の文は多いです。「〜であるときは」までを読んだ段階で、後半の「……」のポイント（試験に出る箇所）を思い出します。この方法で文の後半部分を思い出せなかった箇所が、第3クールで丸暗記した箇所です（第2章●日々のスケジュール参照）。ちなみに、私はアウトプットとしてレベルの低い過去問の有効性を少しでも上げるために、「肢の前半を読んで、その段階で後半を思い出せるか」という解き方をしていました。「肢の前半を読んで、その段階で後半を思い出すこと」と、「テキストの文の前半を読んで、その段階で後半を思い出すこと」は同じことです。よって、テキストのほうが意味のある流れになっていて、レイアウトからも思い出せて、理由も近くに書いているため、過去問よりはるかに優れたアウトプット教材となります。**過去問レベルのアウトプットは、テキストで十分行うことができます。**このアウトプット方法は、先ほどの「目を閉じて思い出す方法」に比べると、容易であり、取り組みやすいものです。

アウトプットをする際には、本書に書いている思い出し方をフルに使います。その中心は、次章のリコレクト法です。たとえば、こじつけリコレクト法を使った失踪宣告の部分は、目を閉じても簡単に脳内復元できます（次章第4節●こじつけリコレクト法とは？参照）。

●歩きながら脳内復元

脳内復元の中でも最上級のレベルであり、これに慣れて自在に使いこなせるようになれば、普通の人がまったく勉強できない時間に最も効果的な勉強ができるという方法があります。それが、「歩きながら脳内復元をする」という方法です。これは、試験勉強中に数回、美容院に行ったり、模試に行ったりしたときに行った勉強法です。先ほど述べた「脳内復元」を「歩きながら」行います。違う所は、初めにテキストの章・節の題名を見ないこと、思い出せなくなったときにテキストを見て確認しない、ということです。歩きながら、テキストを読んでいたら危ないですから。つまり、テキストをヒント無しに頭の中で復元するわけです。もちろん、これも、アウトプットするのはテキストのポイントのみです。自宅で勉強しているときと異なり、「思い出せなかったら確認する」ことができませんから、**必然的に思い出そうと粘る**必要が出てきます。これが、最高の「思い出す訓練」となります。なぜなら、本試験では「テキストに書いてあった記憶はあるけど、これどっちだったっけな～」となることが多いからです。そうなったときに、〝粘って〟思い出した人が合格します。

普通の人がまったく勉強できない歩いている時間に、最高の本試験のシミュレーションができるこの勉強法を身につければ、働きながら合格を目指されている方も短期合格が可能になります。たとえば、オフィス内でコピーをとりにコピー機の所まで行く間に、テキストのある部分を脳内復元する、といったことをすれば、仕事中でも勉強できます。

「脳内復元」についてご説明しましたが、これはあくまで理想的なアウトプット方法であり、本章の題名にもなっているとおり、「最高到達点」です。よって、この脳内復元を試してみてできなかったからといって、落ち込む必要はありません。

ただし、「テキストの文の前半を読んで、その段階で後半を思い出す」というアウトプット方法は、そこまでレベルの高いものではありませんので、是非できるようになってください。

第5章

リコレクト(Recollect)法(＝思い出す方法)

この章では、様々なリコレクト法を具体的なやり方を示しながらご紹介します。ですが、その前に、前提となる大事なことを書いておきます。それは、思い出し方（＝リコレクト法）を考える以前のレベルで、当たり前のように即座に頭に浮かぶようでなければならないレベルの知識があります。それについては、九九を例にして説明します。

●九九を言えるように

その科目や分野の基礎となる知識は、**九九を言えるようなレベルで体に染みついている**ことが基本中の基本であり、最も大事です。たとえば、会社法の機関（取締役・監査役・会計監査人など）構成の基本パターン4つ（＋少し特殊な形が2つ）は、会社法の勉強を始めるとすぐに学ぶことであり、その後の会社法の学習の基本中の基本となっていきます。この基本パターン4つ（＋2つ）は考えて思い出すレベルではダメです。「非公開会社・大会社」と聞いたら「最低限必要な機関は、取締役・監査役・会計監査人」と反射的に出てくるレベルが最低限必要です（監査等委員会設置会社および指名委員会設置会社については、考慮していません）。私は、初めて会社法を勉強した3月は、これを相当意識していました。

「九九のレベルで記憶しなければならないこともある」ということはご理解いただけたと思いますので、具体的なリコレクト法をご説明していきます。まずご紹介する第1節の算数的リコレクト法・第2節のリレイティング・リコレクト法は、共通する視点に基づいています。それは、**「横断的な視点」**です。「横断的な視点」とは、テキストを順番どおりに勉強していくことが〝縦〟だとすれば、それらを〝横〟に並べて比較することです。たとえば、新たに学習した知識と2週間前に学習した知識を比較します。よく受験界で重要だと言われていることですが、言葉ばかりが広まっているだけで具体的にどのように〝横断的な〟勉強

column

疲労のピーク時に確認

この九九と同じレベルで言えなければならない知識は、私は、毎日寝る前の１番疲れたときに思い出せるかどうか確認していました。疲れが極限のときに思い出せれば、本当に体に染みついているということですから、本試験で緊張している状態でも、確実に思い出せるからです。すべての知識を疲労のピーク時に思い出せるレベルにはしませんでしたが、基本中の基本知識だけはそのレベルに持っていきました。

をするかはほとんど提言されていませんでした。その方法を具体化したのが、以下の「算数的リコレクト法」・「リレイティング・リコレクト法」です。

第1節　算数的リコレクト法

●算数的リコレクト法とは？

小学校で習う算数は、教科書の初めに公式（定理）があって、それを当てはめて練習問題を解いていきます。その方法を司法書士試験に応用します。

たとえば、不動産登記法でよく問われる問題で「○○の権利を不動産の一部に設定し、登記することはできるか？」という出題があります。この「○○」に抵当権や地上権など色々な権利を入れた問題があります。通常の学習方法では、これを１つ１つの権利ごとに記憶していくことになります。

しかし、それでは面倒だと思いませんか？　では、どうすればいいかというと、次のようなルールを記憶すればよいのです。

【不動産の一部に権利を設定し登記をすることの可否】

（原則） 不可

（例外） 地役権の設定（承役地の一部に設定可）

これさえ思い出せるようにしておけばＯＫです。これさえ思い出せれば、問題を解く度に「抵当権はどうだったっけな…」「地上権だと…」などと迷うことがなくなります。

なお、不動産の一部に権利を設定し登記をすることが原則として認められないのは、公示の問題です。不動産登記の登記記録は、１つの登記記録で１つの不動産について表しているため、不動産の一部に抵当権や地上権を設定しても、公示することができないのです。しかし、地役権は、通行地役権など、地役権の性質から土地の一部に設定されることが当然に想定されているため、例外的に土地（承役地）の一部に設定することができます。

記憶の順番としては、まず原則を思い出せるようにし、その次に例外を（できれば理由付きで）思い出せるようにします。この例のように「原則と例外」になってしまうことが多いですが（そのため算数「的」と命名しています）、場合によっては「定理」（例外がなければ「的」が付かず「算数」と言えます）を作れることもあります。例外のない定理の例を挙げますと、民法の相続の分野での知識ですが、

（定理）姻族が相続人となることはない

これは定理であり、例外はありません。たとえば、姑《しゅうとめ》が死亡したときに、嫁が相続人となることは絶対ありません。

このように相当量の思い出せるようにするべきことを省略したうえで確実に正解するということが、この方法で可能となります。

第2節　リレイティング・リコレクト法

●リレイティング・リコレクト法とは?

これは、同一テキスト間、異なるテキスト間または異なる科目間を関連させる方法です。具体的には、テキストに「＝」「≒」「┏」といった記号とページ数を書き込みます。次のページをご覧ください。

ページの右に記号とページ数が書いてあります。

「＝」は文字どおりイコールです。

「≒」は条文や判例などの表現から100％イコールとは言えない場合です。

「┏」が少しわかりにくいと思いますが、これは対比できるところです。

「＝P100」「┏P100」などとテキストに書き込みます。私の受験生時代のテキストにはこれらの記号が9割以上のページに書き込んであります。しかも、1つのページに何個も書き込んでいます。何のためにするかと言いますと、主に次の3つの目的があります。

基本テキストへの書き込み例１

第４章　多数当事者の債権（債務）関係

２．１人について生じた事情が他のメンバー（主債務者または保証人）に与える影響

影響を与える方向性

主債務者について生じた事情が保証人に，保証人について生じた事情が主債務者に影響を与えるかをみていきますが，以下の方向性になります。

P100＝ ・**主債務者について生じた事情は，保証人に影響します。**

主債務を生じさせる契約は，保証債務の前提となるものだからです。ここでも，付従性（P85②）が理由となるのです。

「 ・**保証人について生じた事情は，主債務者に影響しません。**

P100 主債務は，保証債務に従たるものではありません。また，保証契約は，勝手にできます（P84～85①）。勝手に保証契約をして，主債務の内容を変えられるとしたら，それはどう考えてもおかしいですよね。

（１）主債務者に生じた事由

（ａ）時効の完成猶予と更新

主債務者に対する時効の完成猶予と更新の効力は，保証人に対しても効力を生じます（民法 457 条１項。上記の「影響を与える方向性」）。

P90 」 なお，時効の完成猶予と更新ですから，P90（ｂ）と異なり，時効の完成（時効期間経過）“前”のハナシである点にご注意ください。

（ｂ）債権譲渡の対抗要件

＊債権譲渡の対抗要件は，P114～125[2]で説明しますので，P125 までお読みになった後，この（ｂ）をお読みください。

主債務者について債権譲渡の対抗要件（譲渡人からの債務者への通知または債務者の承諾）が具備されれば，保証人に対しても効力を生じます（大判明 39.3.3。上記の「影響を与える方向性」）。

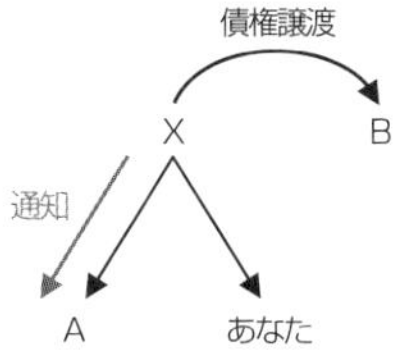

ex. あなたが保証人となっているＸのＡに対する金銭債権を，ＸがＢに譲渡した場合，Ｘは，Ａに対してのみ債権譲渡の通知をしたときであっても，あなたに対してその債権譲渡を対抗できます。

通知または承諾は，確定日付による必要はありません（大判大元.12.27）。保証人は，民法 467 条２項の「第三者」ではないからです（P121 の表の右の②）。

92

『司法書士試験リアリスティック民法Ⅲ［債権・親族・相続］』より

①関連させることで、本試験で他の事項と勘違いすることを防ぐ

試験委員が意図的にひっかけようとしていなくても、自分の頭の中で別の箇所を思い出してしまうことはよくあります。

②復習目的

これは私の勉強期間が5ヶ月であったことも大きく影響しています。すべてのテキストの1周目が終了したのは、4月30日です。2周目が終了したのは本試験の9日前です。そのため、たとえば、不動産登記法を勉強している時に並行して民法のテキストを頭から読むといったことはできませんでした。そこで、たとえば、不動産登記法を勉強している時に、このリレイティング・リコレクト法を使って、不動産登記法から民法へ関連付けることで民法の知識を思い出すことになり、民法のかなり良い復習になりました。

③試験で**未出の肢を推理する力をつける**

これは、いわゆる応用力というやつです。この関連付けをやっておけば、知らない肢が出たときに、似ている事項から思い出すことがかなりの確率で可能になります。第7章でご紹介する「推理で正解を導き出す方法」の1つになります。

●ページ数しか書かない

予備校でも講師が「ここは、前やった○○と比較してください」と言うことは、よくあります。リレイティング・リコレクト法も、基本的にはこれと同じです。ただし、目的が違います。リレイティング・リコレクト法の目的は、前述した①〜③です。この目的があるため、「＝」「≠」「┃」の横に用語などは書きません。書くのはページ数だけです。

このページ数しか書かない方法を取ることによって、本試験でテキストを思い出す訓練になります。たとえば、テキストのP92にある知識に「＝P100」と書き込みます。その後にP92を復習するときに、「＝P100」という書き込みを見て、「この知識と同じ知識って何だったたっけな？」と〝考えます〟。そして、ページをめくってP100を開くまでに同じ知識が何であったのかを思い出します。この〝**何であったのかを考える＝思い出す**〟**という過程**が非常に重要です。こういったことが、まさにアウトプットなのです（第3章第1節●インプットもアウトプットもテキストで参照）。用語などを書いてしまうと、思い出すために考えることをしなくなってしまいます。よって、ページ数しか書きません。

第3節　ゴロ合わせ・替え歌リコレクト法

●ゴロ合わせ・替え歌の注意点

リコレクト法と書くのが恥ずかしいほど定番な方法です。ですが、その使用方法には注意点がありますので、まずその点を記述します。

ゴロ合わせや替え歌を使うときに注意すべきことは、ゴロ合わせや替え歌だけで済ませないことです。用語をただ当てはめるような試験ならゴロ合わせ・替え歌だけで通用することもありますが、司法書士試験のようなある程度のレベルの試験だとゴロ合わせ・替え歌だけだと危険です。「ゴロ合わせ・替え歌で思い出せるから、理由や立法趣旨を軽視する」というパターンが最悪です。なぜなら、たとえその問題が正解できたとしても、推理して解く問題に対応できなくなってしまうからです。基本事項をきちんと理解していないと、推理はできません。

●ゴロ合わせリコレクト法

ゴロ合わせは自分で作ったモノのほうが思い出しやすいです。私は、友人の名前など自分にしかわからないモノを多く作りました。他人が作ったゴロを使うなら、きちんと意味があるものでないと使いにくいです。誰でも記憶している「いい国つくろう鎌倉幕府」というゴロも、意味が通っているから思い出しやすいのです（ただ、鎌倉幕府は１１８５年に成立したと考えるのが今の普通の考え方だそうです）。

私の友人の名前で作ったゴロをご紹介しても仕方ないので、私が作ったゴロで意味があるゴロをご紹介します。

（**社外**取締役が登記事項となる場合）

社外から**特別**に**監視《し》**

①**特別**取締役による議決の定めがあるとき

②**監**査等委員会設置会社

③**指《し》**名委員会等設置会社

これは、記述でも重要な所です。

●替え歌リコレクト法

替え歌を作って1番効果的な箇所は、**単純暗記**しなければならない箇所です。単純暗記になる部分は、やはり午後の科目のほうが多いです。手続法だからというのが理由です。午後の手続法は、登記・訴訟などを実際にどういった手続きで進めていくのかを規定した法律ですので、どうしても単純暗記になる部分は多くなります。

たとえば、不動産登記法の利用権の絶対的登記事項。私はこれを、「雪やこんこ　あられやこんこ」の歌い出しで始まる『雪（ゆき）』という童謡を替え歌にして作りました。「ちじょう〜、もく〜てき、えいちんりょう、さいせき、はいぐうしゃ、きかん、ちえき、もくてき・はんい・ようえきち」（「もくてき・はんい・ようえきち」は早口で一気に歌います）といった感じです。

（参考）利用権の絶対的登記事項

地上権…………目的

永小作権・賃借権…………小作料・賃料

採石権・配偶者居住権………期間

地役権…………………目的・範囲・要役地…

cf.任意的登記事項は地役権が特徴的（期間・使用料・支払時期が登記事項ではない）なので、地役権を軸にして思い出せるようにします。

替え歌の良い所は、ゴロ合わせ以上に思い出しやすく、長期記憶になることです。替え歌は、1度作ってしまえば、風呂に入っているときにでもたまに歌っていると簡単に思い出せるようになります。

●替え歌リコレクト法の広がり

ゴロ合わせや替え歌は、小手先のテクニックだと勘違いして軽視している人が多いようですが、それは大きな間違いです。きちんとした根拠があるのです。脳科学の観点から、歌は**リズムがあるのでよりフレーズを思い出しやすくなる**という効用があります。以下の順（①→②→③）でより思い出しやすくなります。

①単なる言葉→②俳句や和歌などの韻がある言葉→③歌

脳は、大脳新皮質（特に側頭葉）→海馬《かいば》（厳密には海馬の中の、歯状回→ＣＡ３野→ＣＡ１野）

→大脳新皮質（特に側頭葉）の順に入ってきた情報を処理するそうです（池谷裕二『記憶力を強くする』講談社ブルーバックス）。歌っているときに、サーモグラフィーで脳を見ると、これらの部分がより活発に働いていることがわかります。リズムがあるほうが、脳のこれらの部分をより刺激するのです。

次に、歌と日常生活について考えてみます。たとえば、「大人になって、高校生の時に聴いていた曲を聴くと、高校生の時の様々な思い出が浮かんでくる」といった経験は誰にでもあるでしょう。これは、その歌が思い出すきっかけになったのです。高校生の時には、歌を聴いていた時に意識して思い出すことを決めていないでしょうから、特定のことを思い出せるわけではありませんが、勉強で**意識して**これを使うと、テキストの色々なページの関連事項まで芋ヅル式に思い出すことが可能となります。私の基礎講座を受講され、働きながら2回目の試験で合格したある方は、数百曲の替え歌を作り、多くの知識を記憶していたそうです。

第4節　こじつけリコレクト法

●こじつけリコレクト法とは？

こじつけリコレクト法とは、思い出しやすいように自分で**理由付けをしてしまうことです**（※ただし、自分が作った理由であることがわかるように何か記号は付けておいたほうがいいでしょう。私は、「(仮)」というマークをつけ、自分が作った理由だとわかるようにしておきました）。

たとえば、次のような理由付けをします。民法に規定されている失踪宣告の話です。民法31条（失踪宣告の効力）は、失踪宣告（民法30条）がされると、「いつ」死亡したとみなされるかを規定しています。失踪宣告とは簡単に言うと、行方不明になった人の家族や利害関係人が、「行方不明になった者を死んだことにしてくれ」と家庭裁判所にお願いする制度です。失踪宣告がされると、相続や再婚が可能になります。この失踪宣告がされたときに「いつ」死亡したものとみなされるかがポイントになります。まず、戦争や船舶の沈没などの原因によらずに7年間生死不明の場合（「普通失踪」と呼ばれます）、「いつ」の候補になる時点は以下の3つが考えられます。

①失踪した時

②失踪から7年間の期間満了時
③失踪宣告がされた時

これらを自分で理由付けして1つずつ潰していきます。

①は、自宅の玄関を出てすぐ死んだことになるのは変↓×

③は、親族が請求する場合、好きなように相続開始時をずらすことができてしまい、請求者の都合のいいように悪用されかねない（相続においては、その人が死亡した時に生きている人しか相続人になれません。よって、いつ死亡したかによって、数千万円や数億円の財産がもらえるかもらえないかといった切実な違いが出てきます）↓×

よって、②が妥当かな。

次に、戦争や船舶の沈没などの原因により生死不明の場合（「特別失踪」と呼ばれます）は、死亡したとみなされる時点として以下の4つの候補が考えられます。

①戦地に行った時・航海に出た時
②戦争が終わった時・沈没した時（危難が去った時）
③戦争が終わってから1年経過した時・沈没してから1年経過した時（危難が去ってから1

年経過した時）

④失踪宣告がされた時

同じように1つずつ潰していきます。戦争は第二次世界大戦の日本軍、沈没船はタイタニックでこじつけます。前提知識ですが、民法は明治31年に施行された法律です。

①日本軍に神風特攻隊しかいないわけもないし、そんなに弱くないだろ・出航してすぐ沈没したなら、港で見送っている家族がわかるだろ↓×

③日本軍は負けたとしたら自決するように教え込まれていたから、1年も生き延びていたという法律があるわけなし・映画『タイタニック』のローズのように漂流して生き延びる人もいるが、ジャックのようにすぐに死ぬのが普通↓×

④親族が請求する場合、好きなように相続開始時をずらすことができてしまい、請求者の都合のいいように悪用されかねない↓×

よって、②が妥当かな。

面倒なことをしているように思われるかもしれませんが、**1度こういった形で思い出すプロセスを考えてしまえば**、試験で思い出せないことはまずありません。このようなこじつけを作った箇所は、テキストの2周目に1度確認する程度で構いません。これは念のため確認するだけであり、1度も確認しないでも問題ない場合が多くなります。

なお、以上のこじつけを使って解ける過去問は、たとえば次の肢です。

平成7年度（午前）第2問

ウ　Bが事故に遭遇して生死不明になったことを理由として、Aの請求により失踪宣告がされた場合には、Bは、事故から1年を経過した時に死亡したものとみなされる。

普通に勉強していると、民法30条2項の「危難が去った後1年間明らかでないとき……」か、民法31条の（普通失踪の場合の）「期間が満了した時」というフレーズが頭に浮かんでしまい、「○かな」と間違えてしまう可能性が大いにあります。しかし、先ほどのこじつけのプロセスで思い出すようにしている人は、「③日本軍は負けたとしたら自決するように教え込まれていたから、1年も生き延びていたという法律があるわけなし・映画『タイタニック』でのローズのように漂流して生き延びる人もいるが、ジャックのようにすぐに死ぬのが普通→×」と思い出せ、×がつけられます。ちなみに、本試験では×という所までわかれば、そこで次の肢に行くべきです。「正しくは何だったっけ？」と考えるのは時間の無駄です。択一で聞かれているのは、**○か×かだけ**です。

●こじつけリコレクト法と算数的リコレクト法のハイブリッド

不動産登記法・商業登記法・供託法に共通して「審査請求」という制度があります。登記や供託の申請をして、それに対する登記官・供託官の処分に文句を言いたいときなどに、（地方）法務局長宛ての審査請求書（↑これが登記官・供託官の処分に文句を言うための文書です）を提出できるという制度ですが、その提出先は却下などの処分をした登記官・供託官となっています。そして、なんと登記官・供託官が、自分がした処分を「間違った」と思ったらやり直していいという制度となっています。企業にクレームを言うとしたら、問題のあった部署ではない部署宛てにクレームを言うのが普通でしょうが（支社についての文句であれば本社に言うなど）、審査請求はクレームを言う先が問題のあった部署（登記官・供託官）となっているのです。

以下はあくまで記憶のためなので、公務員の方や親戚に公務員がいらっしゃる方は気を悪くなさらないでください。

クレームの提出先が登記官・供託官だということを、一般的なテキストでは「迅速な是正ができるため……」などと説明しています。これが一般的な文献に書かれている理由なのですが、これでは印象に残らないと思います。このような理由より、こじつけリコレクト法で「公務員が、自分のミスが上に発覚する前に、もみ消せるための制度だ」としたほうが思い出しやすいです。なお、厳密に言えば、登記官・供託官が自身の処分が間違っていたと思い、自身の処分を是正した場合には、是正した後で（地方）法務局長に報告はします。しかし、その知識のほうは出る確率がかなり低いので（実際にこれまでの本試験で出題されたことはありません）、その点を考慮する必要はありません。

続いて、審査請求について、もう1つこじつけリコレクト法をご紹介します。審査請求は、試験勉強では主に不動産登記法・商業登記法・供託法で学習することになりますが、それら3つに共通した規定が非常に多くなっています。この「共通した規定が非常に多くなっている」ということを思い出すために、こじつけリコレクト法を使用します。審査請求の手続が不動産登記法・商業登記法・供託法でほとんど同じ規定になっている理由は、「小さい法務局だと、これらの3つの部門はワンフロアに横並びということもあり、一緒にしたほうがやりやすいから。また、縦割り行政のため、同じ法務省の制度は似ているから」というこじつけで思い出します（近年は法務局の統廃合が進められているため、すべての法務局にあるのは不動産登記部門だけで、商業登記部門・供託部門はない法務局も多いです。しかし、制度ができた時は3部門がある法務局も多かったのです）。

さらに算数的リコレクト法（リレイティング・リコレクト法の要素もあります）を使って、試験科目全体に広げていきます。午後科目である民事訴訟法・民事執行法・民事保全法の控訴状などの提出先もほとんどが決定した機関です。よって、試験科目全体で「不服申立ての提出先」は、

（原則）決定した機関

（例外）支払督促の申立ての却下に対する異議・督促異議など

とします（支払督促の申立ての却下に対する異議・督促異議は、簡易裁判所の書記官がした処分に対して簡易裁判所にします）。試験科目全体を横断したため、細かい違いは省略しました。

※なお、司法書士試験で出てくる審査請求は例外的で、通常の審査請求書は、上級行政庁などにするのが原則です。行政書士試験を受ける方はご注意ください。

以上のこじつけを使って解けるのは、たとえば以下の肢です。

昭和57年（午後）第11問

2　供託官の処分に対する審査請求は、監督法務局又は地方法務局の長に対してするが、審査請求書は、供託所に提出しなければならない。

監督法務局又は地方法務局の長が審査しますが、その前に供託官のいる供託所に審査請求書を提出する必要があります。ここで供託官は、「自分の処分が間違っていた（＝上にばれたらヤバイ）」と思ったら、自ら処分をやり直すことができることを思い出し、正しい肢であるとわかります。

●たとえでリコレクト

法律の学習に限りませんが、勉強をしていると、「何か意味があるのかもしれないが、こんな知識の羅列なんて記憶できないよ…」と行き詰まることがあります。今までの学習経験で（法律学習に限りません）、そのような経験はありませんでしょうか？　試験勉強中にイライラして、勉強が嫌になってしまった経験もあると思われます。その主な理由は、知識の羅列に抵抗感を覚えることです。

そこで、「たとえを使い、思い出しやすいようにする」という方法を使ってください。一例をご紹介します。

会社法・商業登記法の学習の中で、「募集株式の発行等」という択一でも記述でも重要な分野があります。募集株式の発行等では、手続の流れを頭に入れることが、最も重要になります。しかし、この手続の流れは、次の図のようなものであり、なかなか頭に入れるのが大変です。そこで、「アイドルのオーディション」にたとえて、この手続の流れを記憶してしまいましょう。次の図の赤字にした箇所が、たとえです。

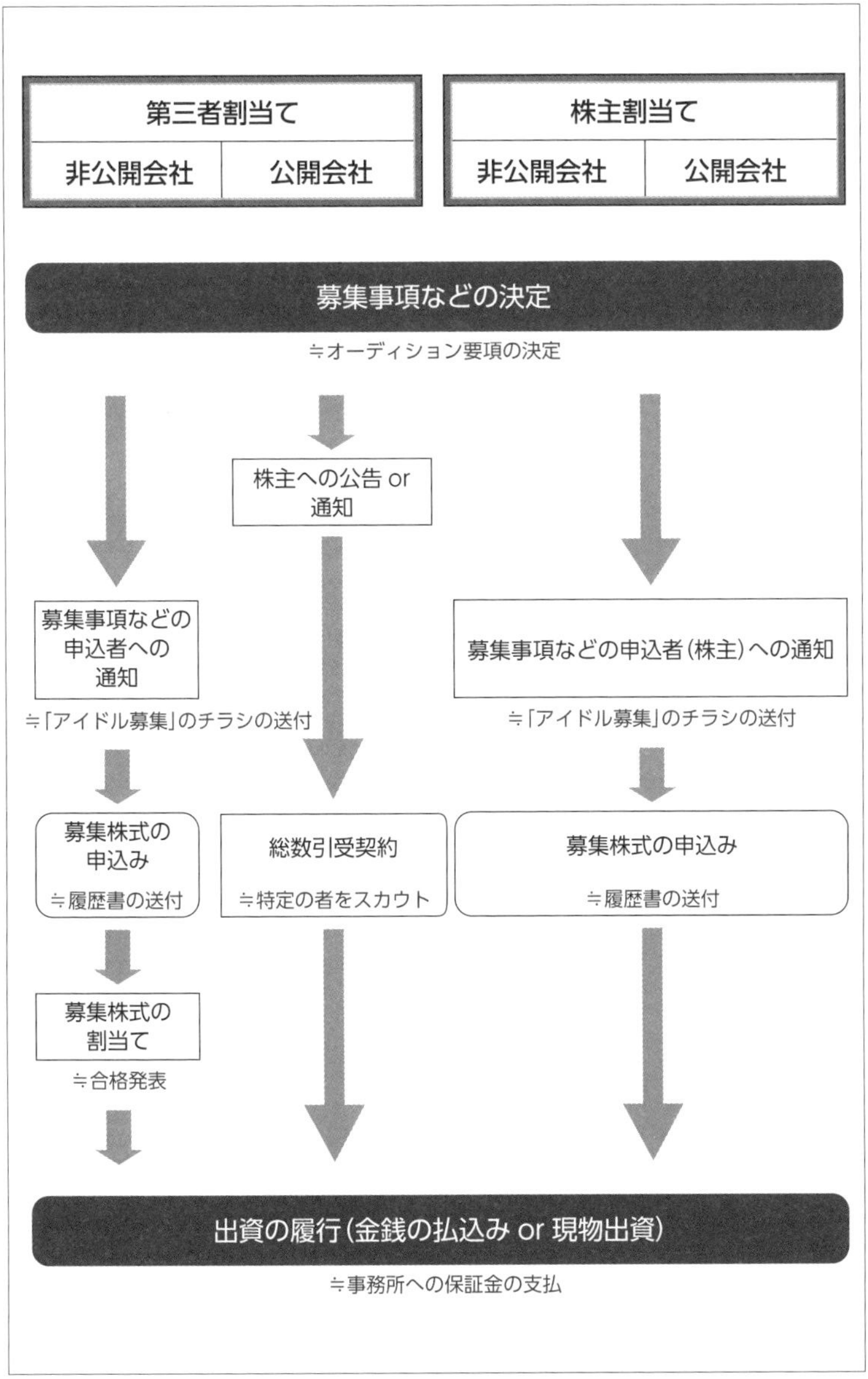
第三者割当て
非公開会社
公開会社
株主割当て
非公開会社
公開会社
募集事項などの決定
≒オーディション要項の決定
株主への公告 or 通知
募集事項などの申込者への通知
≒「アイドル募集」のチラシの送付
募集事項などの申込者（株主）への通知
≒「アイドル募集」のチラシの送付
募集株式の申込み
≒履歴書の送付
総数引受契約
≒特定の者をスカウト
募集株式の申込み
≒履歴書の送付
募集株式の割当て
≒合格発表
出資の履行（金銭の払込み or 現物出資）
≒事務所への保証金の支払

「募集事項などの決定」は、アイドルのオーディションでいうと、オーディション要項（「今回は○～○歳を募集する」）の決定です。「募集事項などの申込者への通知」は、アイドルのオーディションでいうと、「アイドル募集」のチラシの送付です。「募集株式の申込み」は、アイドルのオーディションでいうと、アイドルになりたい人が履歴書を送付することです。「募集株式の割当て」は、アイドルのオーディションでいうと合格発表です。「募集事項などの申込者への通知」「募集株式の申込み」「募集株式の割当て」に代えて、総数引受契約によることもできます。「総数引受契約」は、アイドルのオーディションでいうと、特定の人に決めてスカウトしてしまうようなものです。スカウトなので、「アイドル募集」のチラシの送付、履歴書の送付および合格発表がなくなります。「出資の履行（金銭の払込み or 現物出資）」は、アイドルのオーディションでいうと事務所への保証金の支払です（これだけ無理矢理のたとえですみません……）。

　どうでしょうか？　手続の流れが記憶に残るようになったのではないでしょうか？　このようにテキストを読んでいくと、印象に残りますし、勉強に行き詰まりイライラして勉強が嫌になってしまうことも少なくなります。

第5節　漢字リコレクト法

●漢字リコレクト法とは？

これは、「司法書士試験は、択一形式の出題が配点の75％を占める」という特徴から考えた方法です。たとえば、以下の知識を思い出すときに使います。

公文書偽造罪（刑法１５５条）…………作成権限のない者が公文書を作成すること
虚偽公文書作成罪（刑法１５６条）……作成権限のある者が虚偽の公文書を作成すること

名前のよく似たこの２つの罪の性質の違いは、犯罪を行う主体の違いです。公文書偽造罪は、たとえば、区長が作成する権限のある住民票を区長〝でない者が〟作成するといった場合です（「有形偽造」といいます）。虚偽公文書作成罪は、たとえば、区長が作成する権限のある住民票を〝区長が〟作成したのですが、内容が虚偽である場合です（「無形偽造」といいます）。

この性質の違いを思い出すには、２つの罪名に注目します。

〝公文書〟の〝偽〟物を〝造〟り出す〝罪〟
〝虚偽〟の〝公文書〟を〝作成〟する〝罪〟

このように間に文字を書き込むことによって、「公文書偽造罪」「虚偽公文書作成罪」といった似たような用語の意味がイメージしやすくなります。そして、公文書偽造罪の〝造〟という漢字に着目します。〝造〟という字は「創造」という熟語からもわかるとおり、ゼロから何かを造り出すときなどに使います。よって、犯罪を行う主体が、全く作成権限のない区長以外の者になります。虚偽公文書作成罪のほうは、特別な思い出し方のプロセスを考えなくても構いません。〝造〟という漢字から公文書偽造罪の性質をしっかり思い出せるようにしておけば、そういったプロセスを作っていない虚偽公文書作成罪は反対の性質だったとわかります。

なお、私文書偽造罪（刑法１５９条）と虚偽診断書等作成罪（刑法１６０条）の性質の違いも同じプロセスで思い出せます。

これ以外の漢字リコレクト法としては、たとえば、次のようなものがあります。

・留置権→〝留〟め〝置〟く〝権〟利
・先取特権→〝先〟に〝取〟る〝特権〟
・（根抵当権の）全部譲渡・一部譲渡・分割譲渡→（根抵当権の）〝全部〟を〝譲渡〟すること・

〝一部〟を〝譲渡〟すること・〝分割〟して〝譲渡〟すること

※「全部譲渡」「一部譲渡」は、「分割譲渡」と大きく性質が異なり、その理解が大きなポイントとなります。そこで、漢字に着目すると、「〝全部〟して〝譲渡〟する」「〝一部〟して〝譲渡〟する」「〝分割〟を〝譲渡〟する」というのは、おかしいとわかります。よって、「〝全部〟を〝譲渡〟すること」「〝一部〟を〝譲渡〟すること」「〝分割〟して〝譲渡〟すること」が導き出され、「全部譲渡」「一部譲渡」と「分割譲渡」の性質の違いがわかるようになります。

漢字の間に文字を書き込む・漢字の意味自体に着目するというリコレクト法は、司法書士試験に、「択一形式が配点の75％を占める」という特徴があるため、有効となります。なぜなら、択一形式であれば、かなり高い確率で**問題文に用語が書かれています**。そのため、問題文に書かれている用語から知識を思い出せばいいのです。

第6節　その他のリコレクト法

●知り合いを当てはめる

ほとんどのテキストがそうですが、「甲・乙・A・B……」などとまったくイメージの湧かない登場人物が出てきます。これでは具体的な状況がイメージできなくて当然です。ご自身で、テキストの「甲・乙・A・B……」という記号に、自分の知り合いや有名人の名前を入れていってください。

名前を当てはめるポイントは、**キャラ設定**をきちんとすることです。たとえば、「金銭消費貸借契約の債務者（借りた人）は、○○さん」と固定して、金銭消費貸借契約の話が出てきたら毎回同じ知り合いを債務者（借りた人）に当てはめます。他には、親族・相続の所であれば、自分の親族を当てはめます。テキストでは様々な事例が出てきますので、ご自身の親族だけでは網羅できないこともあると思われます。たとえば、未婚の方は、「配偶者」を誰にしてよいかわからなくなるかもしれません。それは、想像で補ってください。あくまでテキストの説明をイメージが湧くものに変えるためですので、実際の親族と一致している必要はありません。

有名人を当てはめるとは、たとえば、民法の養子のところで、「麻生さんの養子になれば財産ががっぽり入ってくるな～（養子は養親を相続できます。民法８０９条参照）。でも、養親の奥さんの同意が必要（民法７９６条本文）なのか～、う～ん……」などとします。

もう１つ大事なことは、自分をどこかに入れる、ということです。そうしたほうが、感情も入って思い出しやすさ・集中力が共にアップします。実体験だと、なお良いです。この点は、経験の少ない若い人の不利な部分ですが、若い人は想像力で補うしかありません。経験したことのない事例は、テレビドラマのシーンでイメージするなどという方法でも結構です。なお、若い人に知っておいていただきたいのですが、年を重ねてもそこまで様々な経験ができるわけではありません。ほとんどの人が狭い世界で生きていますので、テキストを読んでも、実際のところは、「若い人とたいして変わらないイメージしかできない」ということも多々あります。

私は、受験生時代、このようにテキストを読み進めていましたので、私の民法のテキストには、色々な方の名前が書かれています。民法以外の科目は、このやり方に慣れてきていたので、書き込みまではしませんでした。もちろん、本試験でも、そんなことを書いている時間はありませんから書きませんでした。書かなくても、本試験当日には、瞬時に知り合いや有名人の名前が浮かぶようになっています。

column

◆

勉強は身近な経験をヒントに

「知り合いを当てはめる」という方法は、実は、日常生活から思いついた方法です。

「新しい仕事を始めた」という経験で考えてみましょう。新しい職場に入った際にすることは、第一は仕事のやり方を身に付けることです。それ以外に、というよりも、そのためにも必要なことがもう１つあります。それは、「職場の人の名前を思い出せるようにすること」です。たとえば、仕事が週３日出勤のアルバイトだったとします。こういう場合、同じ日に出勤する人の名前は簡単に思い出せるようになります。それに対して、名前を聞いていても、自分と出勤日が重なっていない（＝顔を見たことがない）人の名前は、中々思い出せるようになりません。なぜなら、その人の名前を聞く際、顔がわからないので、イメージが湧かないからです。イメージが湧くのと湧かないのとでは、思い出しやすさがまるで違います。

このように、試験勉強に必要な考え方・ノウハウは、意外と**日常生活・今までの人生経験**にヒントがあります。たとえば、本章第１節の算数的リコレクト法は、小学校から習っている算数・数学からヒントを得たことですし、第３節の替え歌リコレクト法は、大人になって学生時代の歌を聞いた時に、学生時代の様々な思い出が思い浮かんだことによって、その効果を実感したものです。本書をお読みの方には、様々な年齢の方がいらっしゃるでしょうが、お若い方でも色々な経験をお持ちだと思います。その経験から、本書のリコレクト法を考えてみてください。みなさんの実体験と一致している箇所が多いと思います。

●時代背景から法律を考える

「最近法律の学習を始めた」という方が多いでしょうから、ほとんど意識されないと思われますが、法律は、その時代のルールですので、その時代の時代背景が大きく影響しています。

たとえば、非嫡出子（少し雑にいうと、婚姻関係にない男女の間の子）の相続分は、かつては嫡出子（少し雑にいうと、婚姻関係にある男女の間の子）の2分の1とされていました（平成25年改正前民法９００条4号ただし書）。この規定が法の下の平等を定めた憲法14条1項に反するのではないかということで、最高裁判所で争われたことが何度かあります。最大決平７・７・５の判例では、法律婚を重視する考え方から合憲とされました。しかし、最大決平25・９・４の判例で、違憲とされ、平成25年12月に民法が改正されました。最大決平25・９・４の判例が違憲とした理由をごく簡単に言うと、「時代が変わり家族に対する価値観も変わった。諸外国でも嫡出子と非嫡出子の相続分を同等とする国が増えてきている」というものです。判例が言っているように、まさに時代背景から判例変更・条文の改正が行われました。

このような時代背景から考えると、法律が理解しやすくなります。

他の例を1つご紹介します。１９９０年代からの不況で銀行が不良債権の山を抱えました。潰れる可能性のある銀行も出てきました。銀行（特に大手）が潰れてしまうと、連鎖的に企業の倒産を引き起こし、日本経済に多大な被害が出るため、国家ぐるみで銀行を保護（悪く言えばひいき）し始めました。

この時代背景は、試験的には、たとえば、以下のことに影響しています。

（民法）・抵当権者が、悪質な賃借人に直接に抵当不動産の明渡しを請求できるなどの判例変更がされた（最判平17・3・10）

ヤクザのビジネスであった、いわゆる「占有屋」の話です。昔から、強制執行の妨害のため、ヤクザが建物に、たとえば、外国人を代わる代わる住まわせて立退料を取るといったことが、横行していました。それが最近になって占有屋対策がされたのは、銀行が不良債権を早く処理できるように競売をスムーズにするためです。法改正や判例を変更してでも銀行を助けないといけないほど、銀行は経営危機だったのです。

column

◆

すべてについて思い出し方のプロセスを考える必要はない

思い出し方のプロセスを色々と書いていますが、私もすべてについて作ったわけではありません。たとえば、以下の知識は、何もプロセスを作りませんでした。

> 未成年者が親の同意を得ないで高価な物を売却し、その後にその契約を取り消したときに、ギャンブルでそのお金を使ってしまっていたら返さなくていい。

売買契約を取り消した場合には、通常であれば、売主は受領した代金を、買主は引き渡された売買の目的物を相手に返還しなければいけません。しかし、未成年者などの制限行為能力者は、現実に残っているものを返すだけで構いません。よく例として挙げられるのが、売却代金を生活費に使った場合は返す必要があるが、ギャンブルで使った場合は返さなくていい、ということです。生活費は売ったお金が無くても減っていただろうが、売ったお金がなければギャンブルはしなかっただろう、というのが理由です。

こういうのは、世間常識と異なり非常に印象に残りましたので、特に何もしませんでした。すべてについて思い出すプロセスを考えていたら、テキストが進みません。「思い出しにくいな」と思ったところのプロセスだけを考えればOKです。

思い出し方のメインはもちろん、テキストに書いてある理由づけです。ただし、私の頭のレベルでは思い出せないと思ったところは、プロセスを作りました。作れなかったところやどうしても理解できなかったところは、試験前最後の１週間で丸暗記しました（第２章●日々のスケジュール参照）。

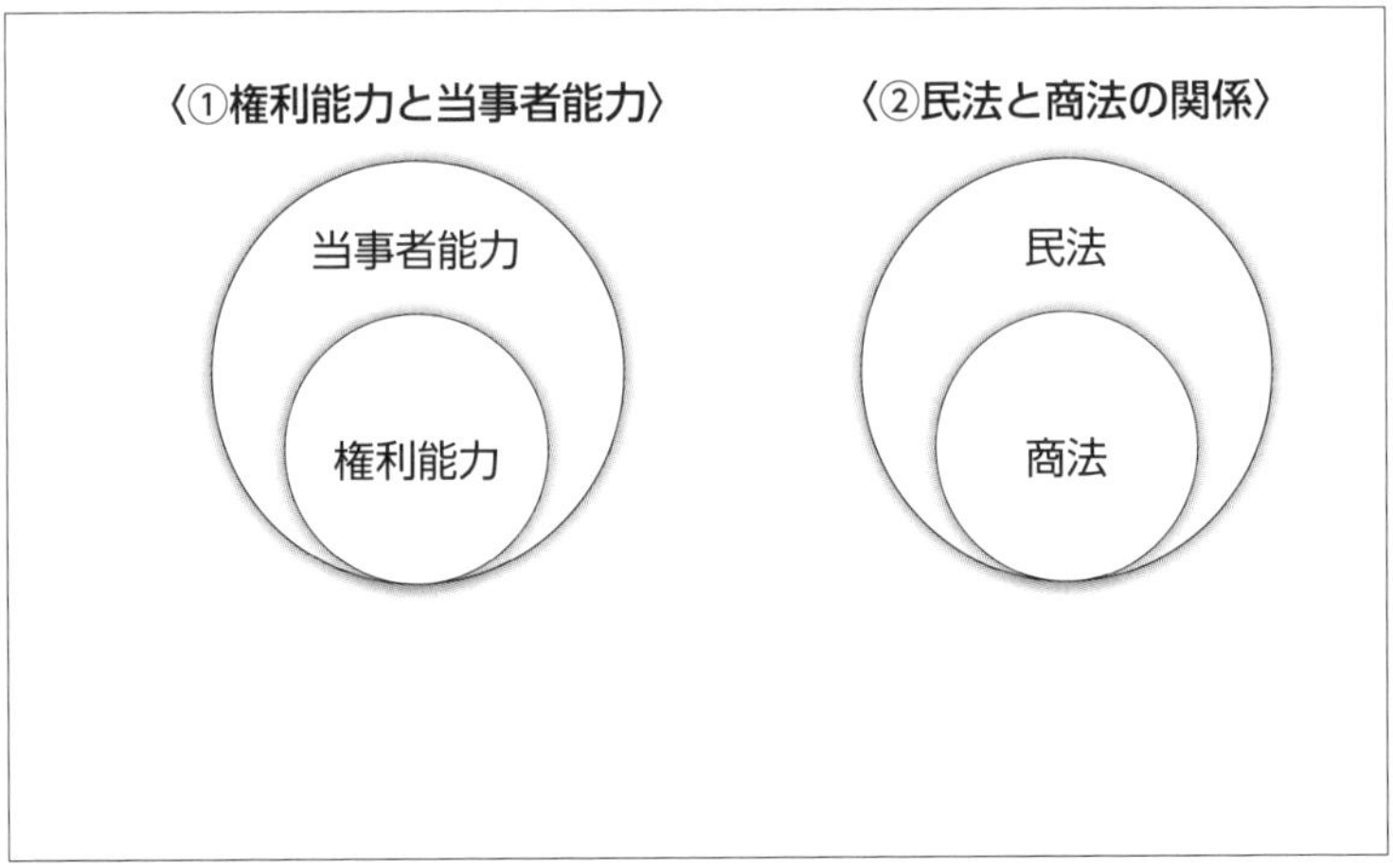

●概念図からリコレクト

言葉の意味の範囲などについて概念図を示してする説明は、みなさんも学校の授業などで受けたことがあるでしょう。これは、司法書士試験においても有効です。たとえば、上のような概念図をテキストの余白に書き込みます。

まず、①の図が表している知識は、六法には以下のように記載されています。

（原則）

民事訴訟法28条　当事者能力、訴訟能力及び訴訟無能力者の法定代理は、この法律に特別の定めがある場合を除き、民法その他の法令に従う。訴訟行為をするのに必要な授権についても、同様とする。

（法人でない社団等の当事者能力）

民事訴訟法29条　法人でない社団又は財団で代表者又は管理人の定めがあるものは、その名において訴え、又は訴えられることができる。

民法で権利能力が認められる者（自然人〔要は人間〕と法人）は、民事訴訟法の当事者能力（原告または被告となることができる能力）が問題なく認められます（民訴法28条）。また、民法では権利能力が認められなかった権利能力なき社団なども、民事訴訟法では当事者能力が認められることがあります（民訴法29条）。しかし、これらの条文を初めて読んで、すぐにイメージができる人はあまりいないと思います。そこで前ページのような概念図を書くのです。

単に条文やテキストの文章を読むだけでは、それは左脳に訴えかけるだけです。左脳は、言語など理論に基づく働きをします。それに対して、右脳は、図形などを読み取る直観的な働きをします。そこで、前記のような概念図を書くことで、**右脳にも訴えかける**レベルになるのです。左脳だけでなく、右脳も使ったほうが記憶に良いということは、周知の事実です。

次に、概念図の②も、目的は同じです。たとえば、テキストには以下のような記載がされています。

商法は、民法の特別法である。

これを図で表したのが、②の概念図です。こちらのほうが、イメージが湧くでしょう。

column

◆

基本概念は、keyになる

法律の学習経験のある方は、先ほどの概念図の②をご覧になって、「こんなの当たり前だろ！」と思われたかもしれません。たしかに、これは商法の授業の１番初めに学習することであり、商法を学習した方で知らない人はいないでしょう。ですが、商法の学習をするときに、常にこの基本を意識できていますか？

テキスト・六法を読む際に、このような基本概念を常に意識しているかで理解度がまったく異なってきます。他には、民法の「私的自治の原則」、不動産登記法の「登記は、権利変動の過程を忠実に反映させるのが原則」といった受験生の方であれば誰でも知っている大原則を常に意識して勉強しているかどうかで大きな差が出ます。なぜなら、これらを意識することは、「横断的な視点」となるからです。つまり、これらを意識することによって、テキストの各記載・六法の各条文を**共通の視点**から見ることができるようになり、それらの共通点・相違点が見えてくるわけです。

私は、テキストの最初のページにこれらの科目全体に共通する基本概念・大原則を書いて、毎日確認していました。こういったことは、毎日確認しないと自然と意識できるようになりません。

●テキスト・六法に斜線

よく言われる「テキスト・六法を自分なりに改良する」ということは、私も行いました。その１つが、「準用される条文のバックに色ペンで斜線を引く」という方法です。テキスト・六法の双方に斜線を引きました。この目的は、バックに色を塗ることによって、**思い出すきっかけの1つにする**ことです。例えば、テキストの場合は次のページのようにします。

※六法への書き込みについては、Ｐ１５７に写真を掲載しています。

基本テキストへの書き込み例2

第3章　機関

3 選任

次は、取締役がどのように選ばれていくのかをみていきましょう。

1．資格

（1）法定の欠格事由

誰でも取締役になれるわけではありません。会社法では、取締役に“なれない”者が規定されています。ただし、なれる者で試験によく出る者もありますので、なれる者も併せてみていきます。なれる者は、「なれないかも？」と思わせるひっかけで出るわけです。

取締役になれる者（○）	取締役になれない者（欠格事由）（×）
①未成年者 法定代理人の同意は必要ですが（民法823条。登研386P100）、未成年者でもOKです。高校生が株式会社を作って取締役になり、ニュースになったりすることがたまにあります。 **②成年被後見人・被保佐人・被補助人** かつては、成年被後見人や被保佐人は財産の管理能力がないため、取締役になれないとされていました。司法書士などの他の職種に就くことも大幅に制限されていました。しかし、「成年被後見人などを社会的に排除している」「成年後見制度の利用を躊躇する人がいる」といった批判を受け、令和元年の改正で、多くの職種に就けるようになり、成年被後見人や被保佐人も取締役になれるとされました（会社法331条1項2号削除）。ただ、実際に取締役の仕事をこなせるかは、個別的に株主総会などが判断します。こなせないという判断であれば選任しません。 以下の方法で取締役に就きます。 ・成年被後見人 →　成年被後見人の同意（後見監督人がいる場合は後見監督人の同意も）を得たうえ	**①法人**（会社法331条1項1号） その法人から職務を行うべき者（担当者）を選任したとしても、法人は取締役になれません。 取締役は、個人の経営能力を買われて選ばれます。法人が取締役になれるとすると、実際には職務を行うべき者が取締役の職務を行うことになりますが、その法人の意向でその職務を行うべき者が変えられる可能性があります。つまり、株式会社が「この人に取締役の職務を行ってほしい」と考えた人とは別の人が、取締役の職務を行う可能性が生じるんです。 **②会社法関係の法律の罪を犯して刑に処せられ、その執行を終わり、または、その執行を受けることがなくなった（刑の時効が完成した）日から2年を経過しない者**（会社法331条1項3号） 「会社法関係の法律の罪」が会社法331条1項3号に規定されていますが、六法を開くと閉じたくなると思います……。「会社法関係の法律の罪」と押さえていただければ結構です。

338

『司法書士試験リアリスティック会社法・商業登記法Ⅰ』より

会社法331条1項、2項（取締役の資格）は、監査役の資格に準用されています（会社法335条1項）。前のページのようにテキストの会社法331条1項等の説明箇所のバックに、赤の斜線を引きます（六法も同様です）。バックが赤で非常に印象に残ります。本試験で問題を解いているときに、「この肢と同じような知識は、テキストのあのページに書いてあったな。そのページはバックに赤で斜線が引かれていたな。ということは、準用されていたのだ」とわかり、正解が出せることは意外とよくあります。

他にも、準用条文は多く出てきます。なぜなら、法律の規定の仕方として、同じことを繰り返し書くことをできるだけ避けて「第○条から第○条までの規定は、前項の場合について準用する」といった形にすることが多いからです。

●テキスト・六法に区切り線

もう1つ、「テキスト・六法を自分なりに改良する」方法を説明します。まずは、次のページのテキストをご覧ください。

基本テキストへの書き込み例3

第3節　遺産分割までの財産関係と遺産分割

（b）分割の方法

遺産の全部について分割するだけでなく，とりあえず一部についてだけ分割することもできます（民法 907 条1項）。たとえば，一部の財産について「死んだ父さんの物ではなく，オレの物だ！」と主張している相続人がおり，争いがある遺産がある場合もあります。その場合に，争いのない財産についてだけ分割ができると，たとえば，すぐにお金が入り用の相続人は助かるんです（必要性）。また，相続人は遺産について処分権があるので，一部についてだけ分割する権限があると解されることも，一部についての分割を認める理由となります（許容性）。

（c）分割協議の解除

分割協議も，財産法の契約のように解除することができるでしょうか。

i　法定解除（債務不履行解除）

たとえば，父が死亡し，母，長男，二男が相続人である場合において，「老いた母の世話を長男がする代わりに，長男が多めに相続する」という分割協議をすることがあります。この場合に，長男がまともに母の世話をしなかったときでも，二男が一方的に債務不履行を理由に分割協議を解除することはできません（最判平元.2.9）。

不公平な面もありますが，解除を認めると，再度，母，長男，二男が集まらないといけません。これが，かなり大変なんです。長男は協議に来なそうですよね……。

ii　合意解除

再度遺産分割をするために，相続人全員で合意して分割協議を解除することはできます（最判平2.9.27）。分割協議の一部を合意解除することもできます。

上記 i の法定解除と異なり，相続人全員が合意している（納得している）ため，「再度全員が集まるのが大変」ということを考慮する必要がないからです。

（3）審判分割

分割協議が調わない場合または分割協議をすることができない場合，各相続人は家庭裁判所による遺産の全部または一部の分割を請求できます（民法 907 条2項本文）。ただ，一部の分割については，それにより他の共同相続人の利益を害するおそれがある場合は認められません（民法 907 条2項ただし書）。たとえば，相続分を超えて相続財産を取得する相続人がおり，その相続人が代償金を支払う見通しがない場合です。

507

『司法書士試験リアリスティック民法Ⅲ〔債権・親族・相続〕』より

「(3) 審判分割」の上に二重線、「(b) 分割の方法」と「(c) 分割協議の解除」の間に線、「i 法定解除(債務不履行解除)」と「ii 合意解除」の間に点線を引いています。このようにテキストに「二重線」「線」「点線」などを引いて、区切りをつけます。六法も同様に、章は「二重線」、節は「線」、款は「点線」といった具合で区切ります。目的は、以下の2つです。

① テキスト・六法を見やすくする
② レイアウトをつけることにより、テキストを思い出しやすくする

①は、そのままの意味です。単に説明が羅列されているテキストでも、前のページのように加工することによって、過去問を解いて該当箇所をテキストで探すときなどに探しやすくなります。
②が重要です。本書で何度もご説明しておりますとおり、「テキストのポイントを思い出せるようにする」ことが、最も効果的なアウトプットです。そこで、区切りがあることによって、テキストを思い出しやすくなります。たとえば、

「あのページに法定解除と合意解除が書いてあったことは、思い出せるな。あと、法定解除のほうが、説明が長々と書かれていたな」

←

著者使用の六法。思い出しやすいように、斜線や区切り線を引いて改良してある

「あのページは、区切り線の上と下だと、上の方が、記載量が多かった」

←

「上に書いてあったのが法定解除だ」

というふうに思い出せることがあります。このように、テキストにおける説明の〝量〟などもテキストを思い出すうえでのヒントになるのです。その説明の〝量〟を一目瞭然にさせ、思い出しやすくするのが、区切り線なのです。

　この方法を用いれば、単調だったテキストにメリハリがつき、思い出しやすくなります。

第6章

択一解答時の思考法（＝合格する思考法）

●知らない肢にガッツポーズ

択一を解くときは、以下のように肢に印をつけていきます。

①◎………「正しい肢だ」と明確に言えるレベル

①×………「誤っている肢だ」と明確に言えるレベル

②○………「テキスト・過去問にあったことはわかるが、正確には思い出せない。しかし、正しい肢だろう」というレベル

②／………「テキスト・過去問にあったことはわかるが、正確には思い出せない。しかし、誤っている肢だろう」というレベル

③△………知らない！　見たこともない！

④○△………「知らない知識だが、今までの法律学習を基に考えると、おそらく正しい肢だ

ろう」というレベル

④／△………「知らない知識だが、今までの法律学習を基に考えると、おそらく誤っている肢だろう」というレベル

肢を1度読んだら、これらのどれかの印をつけます。印をつけたら、まず、**②～④は完全に無視して、①だけで正解を出そうとします**。

たとえば、「正しいものの組合せを選べ」という問題で、答えの候補が「1、アイ　2、アウ　3、イオ　4、ウエ　5、エオ」だったとします（司法書士試験はア～オまでそれぞれ2個ずつあり、その組合せによって組合せ問題ができています。余談ですが、行政書士試験は、2個ずつでないこともあります）。そして、「アが◎、イが／、ウが×、エが○、オが○」だと思ったら、イ・エ・オは無視してアとウだけで判断し、何の迷いもなく「1」を選びます。見直しも、しません。②も判断に入れないと正解が出ない場合は、③・④は無視します。ただし、②を判断に入れた場合は、「見直しをする問題」の候補になります。

さて、ここからが合否を分けるポイントです。

③・④の△が原因で正解を絞りきれないときに、「ガッツポーズする」ということです（○・／が◎・×なら正解が絞りきれた場合を除く）。一々ガッツポーズしていると時間がもったいないので、軽く左手（右手）を握る程度にしてください。なお、この章に書いていることのすべてがそう

なのですが、私が勉強を始めた初日から試験当日まで、問題を解くときに常にしていたことです。合否の分かれ目の第一段階は択一ですから、特に「知らない肢が出てきたときにガッツポーズする」ということは、習慣になっているレベルでないと本試験では意味がありません。

では、なぜ△を付けられることが嬉しいかと言いますと、自分が見たこともないような肢は**他の受験生の方も見たことがない**場合が非常に多いからです。自分が見たことがないということは、普通のテキストと過去問に載っていないわけですから、他の受験生の方が知っている可能性は、

1. その受験生の方が難しい本をわざわざ読んで得た知識
2. 予備校の授業中に講師が追加した知識
3. 答練・模試で出た知識

くらいです。１は、合格レベル約３、０００人（推定）の中で影響を与える数であるわけがないので、気にする必要はありません。それに、「学者が書いた書籍などを読んでいるマニアックな受験生の方は受からない」というのが受験界の定説なので、まともに合格を目指す受験生であれば無視するべきです。

２は、１よりは影響が大きそうです。しかし、人気講師であっても、その受講生のうち合格レベルの受講生の方は、受験生の方全体の合格レベル約３、０００人のうちに、どんなに多くても１０

０人はいないでしょうから、気にする必要はありません。

３ですが、これが１番影響を与える数が多いように思えますが、ある予備校の答練・模試を受講した人だけが受かった年度はないですから、気にする必要はありません。

ですが、これだけだとまだ不十分です。可能性として、

Ⅰ　すべての予備校の答練or模試で共通に出題された△の知識だった

Ⅱ　各予備校が別々の△の知識を的中させた

ということが考えられます（これは、前述の２、あるいは、２と３の組合せでも考えられます）。ですが、これらの確率もかなり低いです。その証拠に、第１章●テキスト・過去問だけで受かるか以下をご覧ください。そこで説明した②（推理で解答可）・③（無理）は、（年度によって１～２問の違いはあれ）ほとんどすべての受験生の方にとって同じです。

また、現実問題として、知らない肢が出たときに、「まずい、自分だけ知らないかも」と思ってもどうしようもありません。その場で他の受験生の方に「この肢って、あなたが受けた答練・模試で出ましたか？」とは聞けません。結局、自分が知らない肢は、他の受験生の方も知らないことがほとんどです。ここで喜べるかどうかで、推理できるかどうかが決まります。

「テキスト・過去問に載っていなかった肢は、他の受験生の方が知っているわけがない↓やった！

↓喜べた自分だけは推理で正解にたどりつけるぞ！」という思考過程を、問題を解くときに毎回シミュレーションすることが、合否の分かれ目になりえます。

column

◆

第一印象が正しいのは潜在意識による

前述の④〇△、／△については、たとえまったく知らない知識であっても、その肢を一読したときの第一印象を記載しておくということです。手持ちの知識から推理することも不可能な知識であったとしても、ほとんどの肢は読んだときに「マルっぽいな」「バツっぽいな」という印象を持つはずです。知識・推理から答えを導き出せないときに、この第一印象を使うことになります。

こういった話を聞いたことがありませんか？ テストで、確かな根拠がないのに答えを直すと、大体は直す前の答えが正しかった。学習塾などでは、「迷ったら、第一印象の答えにしろ」と教えられます。私は、これには根拠があると思っています。その根拠は、**潜在意識**です。

潜在意識については、第９章●本番に強くなった方法(2)——潜在意識で——で詳しく説明しますが、簡単に言うと「無意識」のことです。本試験当日まで、みなさんは法律を勉強し続けるわけです。そうすると、意識では気づきませんが、潜在意識には法的思考力、わかりやすく言えば、「法律家としての常識」が染みついているわけです。ですから、意識では、その肢がマルかバツかがわからなくても、**潜在意識に刻み込まれた法的思考力（法律家としての常識）によってマルかバツかを、無意識のうちに判断している**のです。それが、俗に言う「カン」と呼ばれているものです。

合格者は、揃って「カンで選んだのがたまたま当たって合格できただけで、自分は運が良かったです」と謙遜します。本人は意識していないので運が良かったと思っているのかもしれませんが、私は合格レベルにある人の「カン」だから当たったのだと考えています。おそらく合格者の方のカンと、まだ勉強を始めたばかりの人のカンでは、当たる確率がまったく異なるでしょう。法的思考力（法律家としての常識）ができているかどうかの違いです。

　逆に、勉強を始めたばかりの人には、一般人としての常識があります。これは、合格後に、お客様の相談を聞くときには、非常に重要な感覚になりますので、ずっと持っていて欲しいモノです。法律に詳しい人に多い弊害として、一般の方との感覚のズレがありますので。

●あいまいな知識もあるのが当たり前

受験界でよく「あいまいな多数の知識よりも、正確な少数の知識のほうが重要」と言われています。まったくそのとおりです（ただし、「少数の知識」は合格に必要な知識量を超えている必要はあります）。テキスト・過去問以外の知識を追い求めて手を広げすぎることは、するべきではありません。また、誤っている肢なのに自信を持って◎としてしまう、あるいは、正しい肢なのに自信を持って×としてしまうと、その問題はかなりの確率で間違えてしまいます。事実、私が本試験の午前の問題で間違えた5問のうち4問に、自信を持って◎あるいは×と間違えてしまった肢がありました。自信を持って◎あるいは×と間違えてしまう知識はあってはなりません。

しかし、間違えて○あるいは／としてしまう肢があるのならまだ大丈夫です。前述したように、○と／は解答を出す最初の段階では考慮に入れません。つまり、◎・×と○・／をきちんと区別しておけば、間違えた○・／があっても◎・×で正解にたどりつけます。すべての肢を正確に判断することはできません。重要なことは、あいまいな知識がないことではなく、**それがあいまいな知識だと自分がわかっているか**（＝◎・×ではなく、○・／を付けられるか）です。本試験当日に、あいまいな知識がない受験生の方はいません。もちろん、あいまいな知識を無くすことを目標に勉強することは大切です。しかし、本試験当日に、あいまいな知識をゼロにすることは不可能です。合格者の方でも皆、「これは何回も勉強したんだけど、どっちだったっけな～」という肢があります。

●マークシートを塗るときに何を考える？

私は1問ごとにマークすることにしていましたし、受講生の方にも、基本的には1問ごとにマークすることをお勧めしています。普通は、マークミスを防ぐという点からいつマークするかを考えます。その観点からいくと、たとえば、35問解き終わってから35問のマークをするといった方法がいいかもしれません。ですが、私は違う理由から1問ごとにマークしました。それは、〝気持ちを調整するため〟です。マークするのに5～10秒くらいかかります。この時間をいかに上手く使えるかが、合否に影響します。

問題によって、以下のように思考を変えます。

（パターン1）難しい問題

テキスト・過去問に載っていないから、合格者の方のほとんども知らないはず（ここで本章●知らない肢にガッツポーズで述べた思考過程を使います）

↓

正解率は落ちる

↓

推理の勝負になるから、正解できていたら差がつけられる（＝間違えていても致命傷には

ならない）

（パターン2）正解しただろうという自信のある問題

テキスト・過去問に載っていたのだから合格レベルにある受験生の方はほとんど正解してくる

↓

自信があっても、次の問題で絶対に油断してはダメ

↓

次の問題も丁寧に読むぞ！

このように、気持ちがどちらに振れても、マークしている時間で**平常心に戻します**。なお、「平常心」といっても、「自宅で勉強しているような気持ちで」という意味ではありません。本試験は、1年で最も緊張する日ですので、「自宅で勉強しているような気持ち」にすることは、普通の人には不可能です。そうではなく、「緊張している状況の中で、落ち込みすぎず、舞い上がりすぎず」ということです。

私の本試験（平成22年度）の経験で言うと、「マークしている時間で平常心に戻す」ことは、午前では割と上手くいきました。しかし、午後の択一では大きな失敗をしてしまいました。原因は、

民事執行法（第7問）〜商業登記法の2問目（第29問）までに、解答を出すことができない問題または難しい推理が必要な問題が1問もなかったためです。本試験中にもかかわらず、完全に舞い上がってしまいました。その証拠に、不動産登記法で、よく読まずに自信を持って◎・×と間違えた箇所が何箇所かあり、修正したことを記憶しています。不動産登記法の真ん中あたりで舞い上がっていることに気付いたので、なんとか平常心に戻そうとしました。しかし、遅かったです。戻しきれなかったため、第30問の本店移転の登記の問題の推理がまったくできませんでした。「個数問題だから1問くらいは間違えてもいいや」と思い、考えようとさえしていませんでした。このように舞い上がってしまうことは最悪ですし、逆に難しい問題が続いて落ち込んでしまうことも良くありません。みなさんは、どちらにも陥ることなく、前記の思考過程によって平常心で解き続けてください。

●試験時間と解く順番

得意科目・不得意科目が人によって違いますので、多少変えても構いませんが、私がお勧めする解く順番は次のとおりです。

【午前択一】

・（パターン1）会社法→民法→刑法→憲法

・（パターン2）民法親族・相続・総則・物権・担保物権・債権→会社法→刑法→憲法

司法試験から転向したため憲法がものすごく得意であるといった方を除いて、憲法から解くべきではありません。憲法は時間がかかる問題、別の言い方をすれば、時間をかければ正解が出せる問題（空欄補充問題など）が多いので、最初に持ってくると、午前の問題を解くペース（1問3分です）を崩してしまいます。たとえば、平成24年度の本試験でいえば、第1問は3分以内に答えが出せますが、第2問および第3問は3分以内に答えを出すのがかなり厳しいです。どちらも、10分程かけてよい問題です。また、試験開始直後に単純な知識問題ではない空欄補充問題などを解いても、正解を出すことは難しいです。よって、最初に解くべき問題は単純知識問題ということになります。

そうすると、会社法から解く、または、民法親族・相続・総則から解くことになります（ここに刑法が入らない理由は後述します）。会社法は、（傾向が変わらない限り）「設立」から出るとわかっていますので（会社法制定後の平成18年度以降、会社法の最初の問題はすべて「設立」です）、第27問から解き始めれば設立からとなります。会社法に苦手意識のある方は、民法親族・相続・総則から始めてください。これらは、例年、民法の中で点が取りやすいところです。

ただし、学説問題、計算問題、空欄補充問題および個数問題は飛ばしてください。学説問題、計算問題および空欄補充問題は時間をかければ解けることが多いこと、個数問題は全肢の判断が必要になるため時間がかかり、かつ、正解するのが難しい問題となることから、これら3種類の問題は、最後に持ってくるべきです。

刑法は、午前択一の中では点数が取りやすいことも多いのですが、最初には持ってきません。なぜなら、刑法はほとんどが判例・裁判例の問題であり（学説問題は平成16年度以来ありません）、一肢一肢がかなり長くなる（4～7行程度）傾向にあるからです。その長い肢の中からポイントをすぐに見つけられる自信がある方を除いて、最初のほうには持ってこないほうがよいでしょう。

【午後―大枠】

午後は、まず大枠の話からです。午後は択一と記述の解くべき順序が問題となりますが、近年の本試験の傾向からすると、次の順序がスタンダードでしょう。

・択一→不動産登記（記述）→商業登記（記述）

記述はサプライズがあることが多いので、記述を先に解くと衝撃を受け、頭が混乱した状態で択一に入る可能性があります。択一でも予想外の出題はありますが、それがあったとしても35問のうちのごく一部の問題です。また、記述は時間をかけたくなってしまうので、最初に解くと時間オーバーになる危険性が高くなります。よって、択一から解くほうが無難であると言えます。

次に、不動産登記（記述）と商業登記（記述）のどちらを先に解くかです。

不動産登記（記述）と商業登記（記述）は、年度によって難易度が異なります。過去10年間の難易度は、次のとおりです。

・不動産登記（記述）のほうが難しかった年度
令和3年度・令和2年度・平成29年度・平成28年度・平成26年度・平成25年度
・商業登記（記述）のほうが難しかった年度
令和4年度・令和元年度・平成30年度・平成27年度

次の司法書士試験がどちらになるかはわからないので、難易度から「こちらから解くべき」と断定はできません。ただ、商業登記（記述）のほうが、時間が足りなくなっても解答を書ける確率が高いです。よって、商業登記（記述）を最後にするほうが望ましいです。

【午後―択一】

・供託法→司法書士法→民事執行法→民事保全法→民事訴訟法→不動産登記法→商業登記法

※不動産登記法と商業登記法は、逆にしたほうがよい年度もあり

マイナー科目の出題順は、「民事訴訟法↓民事保全法↓民事執行法↓司法書士法↓供託法」ですが、私のお勧めは「供託法↓司法書士法↓民事執行法↓民事保全法↓民事訴訟法」なので、〝マイナー科目を後ろから解く〟ということです。近年は、ほとんどが供託法↓司法書士法↓民事執行法↓民事保全法↓民事訴訟法の順で難易度が高くなるからです。よって、難易度の最も低いと考えられる供託法から解くべきです。このように解くと、民事訴訟法で難問が出題されても（マイナー科目の中で最も難問が出題されることが多い科目です）、「その他のマイナー科目で得点できているな」という状態になっているので、難問に心を乱されません。

不動産登記法と商業登記法は、どちらが難しいかは年度によりけりです。正直なところ、解いてみないとどちらが難しいかはわかりません。

「こんなにバラバラに解くの？　第1問から解かないと、マークがズレそうで怖いんだけど…」と思われたかもしれませんが、午前で言うと、憲法から始まる司法書士試験において、第1問から解く戦略は採れません。正解しづらい問題が第1問に出ることが多い午後択一も同様です。

よって、マークのズレについては、1問1問マークするときに、ズレていないかを確認してくだ

さい。前述しましたとおり、10秒程度かけて丁寧に確認しながらマークをするほうが、問題と問題の間で気持ちを整えられるので、得策であると言えます。

●「時間切れ」という発想を捨てる

よく「司法書士試験の午後の試験は、時間切れになることが多い」と言われます。午前は2時間で択一35問を解くのに対して、午後は3時間で択一35問・記述2問を解きます。記述2問で1時間50分～2時間程度かけるのが受験生の方の平均ですから、「時間切れになる」と言われています。

　しかし、私が初めてこのことを聞いたとき、大変驚きました。余程のことがない限り、このようなことは起こらないだろうと思いました。もちろん、時間内に合格点を取れない事態は、大いにあり得ます。そういう意味で「時間切れになることが多い」と言っているのならわかります。ですが、「時間がなくて記述を書けない人がいる」という発言をしている人がいますから、そういう意味ではないのでしょう。どんな問題だろうと、終了時間の10～1分前に**終わらせればいいだけです**。試験時間は事前にわかっています。問題構成（午前択一35問、午後択一35問・記述2問）が変わる可能性もほとんどないでしょう。ということは、**事前に何に何分かけるかを決めておけばいいだけです**。

　以下のような計画を立ててください（午前についても記載します）。

午前：1問3分×35問＝１０５分

※学説問題、計算問題および空欄補充問題に時間をかけることができるように、15分余裕を持たせます。

午後：（択一）1問2分×35問＝70分

（記述）不動産登記（55分）：当日答案用紙を見て、たとえば、解答を書くのに大体20分かかる問題であれば、事案検討を35分とする

（記述）商業登記（55分）：当日答案用紙を見て、たとえば、解答を書くのに大体30分かかる問題であれば、事案検討を25分とする

※記述は、答案用紙の記載量が年度によって異なるので、当日答案用紙を見て、解答を書くのにどれくらいの時間がかかるのかの見当をつけます。そして、55分から解答を書くのにかかる時間を控除した時間を事案検討の時間とします。

※午後択一の最大使用可能時間を70分としていますが、たとえば、60分で択一が終わったのであれば、そのまま記述に入ってください。午後択一は単純知識問題が多いので、合格するレベルの人は、実際には60分で記述に入る人が多いです。

具体的なやり方を、まずは午前を例にして説明します。早く解ける問題を最初のほうに解き、1問3分の割合に対して余裕が出てきたら、時間のかかる問題を解いて調整します。たとえば、9問解いた段階で24分しか経過していなくて、かつ、その時点で前述した気持ちの調整が上手くいって平常心に戻っていれば、学説問題、計算問題または空欄補充問題を1問6分かけて解きます。これで、3分×10問＝30分となり、帳尻が合います。

続いて、確実に時間内に終わらせる方法を、午後を例にご紹介します。択一は70分、不動産登記（記述）・商業登記（記述）は55分から解答を書くのにかかる時間を控除した時間、これを**かけられる時間のマックスとしておけばいいだけ**です。

択一の時間を1問2分のペースとしましたので、そのペースを超えるのなら、それ以上は考えず、その時点で正解だと思われる番号にマークします。なお、（午前も同様ですが）「ペース」とは、必ずしも1問2分以上かけてはいけないわけではありません。たとえば、9問解いた段階で15分しかかかっていなかったとして空欄補充問題を解く気になったとします。そうすると、その空欄補充問題に5分かけて構いません。つまり、「1問2分のペース」とは、今解いている問題数に2分を乗じた時間を超えていなければよいということです（午前は「1問3分のペース」ですが、考え方は同様です）。

このように解いていくと、十分検討できずに次の問題にいくこともあります。よく「択一の基準点を超えないとどうしようもない」と言う人もいますが、**択一の基準点を超えようが、記述にかけ**

る時間がなくなって記述の基準点を超えられないなら同じことです。そもそも、解いている最中に「択一は基準点に届きそうにないので、時間をもっとかけなきゃ」と思うのは、非常に危険です。カラーバス効果（＝間違っている問題が少ないと逆にその問題の印象が強くなり、間違っている問題ばかりではないかと思ってしまうような現象）のせいで、逆に択一の点数が高い可能性も大いにあります。私自身、午前がそうでした。試験中に1番基準点の心配があった午前が、最も点数が高かったです（午前30問・午後29問・記述38・5点。その年度の基準点は、午前27問・午後25問・記述37・5点）。逆に、記述は、試験中は「余裕で基準点を超えているだろう」と思っていましたが、結果はギリギリです。こういうこともあるので、初めに決めた時間以上は考えないというルールを絶対のものとしてください。

なお、午後の試験時間は3時間ですが、6時間あっても足りないと言えば足りません。考えていたらキリがないですから、どちらにしろ、どこかで見切りをつけないといけません。完璧にわかるなんてことはあり得ないので、何分で見切りをつければいいのかの違いにすぎません。与えられた時間内にやるだけなので、私の中には、「時間切れ」という考えはありません。逆に言えば、**すべて「時間切れ」**なので、この言葉自体に意味がないということです。

そういった理由から、同じ年に受けた宅建試験・行政書士試験も時間は足りませんでした。どちらの試験も事前に試験時間は発表されていましたから、司法書士試験と同じくギリギリでした。全問読んで、ギリギリにマークし終わりましたが、時間をくれるのならもっと欲しかったです（特に行政書士試験は）。ですが、与えられた時間しかないわけですから、その時間で解き終えるしかありません。

第7章

推理で差をつける

●推理で問題を解く

推理とは、「知らない知識の肢を、知っている**基本知識から**考えて答えを出すこと」です。たとえば、次の問題のウ・エの肢は、通常のテキストでは記載されていない知識まで聞いています。しかし、個数問題ですので、ウ・エの肢の正誤を判断できなければ答えが出せません。

平成22年度（午前）

第2問　政教分離の原則に関する次のアからオまでの記述のうち、判例の趣旨に照らし**正しいもの**は、幾つあるか。

ア　憲法が政教分離の原則を規定しているのは、基本的人権の一つである信教の自由を強化ないし拡大して直接保障することを明らかにしたものである。

イ　政教分離規定の保障の対象となる国家と宗教との分離には、一定の限界があり、国が宗教団体に対して補助金を支出することが憲法上許されることがある。

ウ　憲法第20条において国及びその機関がすることを禁じられている「宗教的活動」とは、宗教の布教、強化、宣伝等を目的とする積極的行為に限られず、単なる宗教上の行為、祝典、儀式又は行事を含む一切の宗教的行為を指す。

エ　憲法第89条において公の財産の支出や利用提供が禁止されている「宗教上の組織若しくは団体」とは、特定の宗教の信仰、礼拝又は普及等の宗教的活動を行うことを目的とする組織や団体には限られず、宗教と何らかのかかわり合いのある行為を行っているすべての組織や団体を指す。

オ　ある特定の宗教法人に対して国が解散命令を発することは、国が当該宗教法人と密接にかかわることになるから、政教分離の原則に違反し、許されない。

1　1個　　2　2個　　3　3個　　4　4個　　5　5個

ア・イ・オは通常のテキストに載っています。

多くの受験生の方が迷ったのが、ウとエです。次のように推理します。

①宗教への補助金に関する訴訟は客観訴訟だ

←

②法律で認められているため、自衛隊に関する訴訟などよりも原告適格が認められる場合が多い

←

③今後も同じような訴訟が何度も起こることが想定される

←

④そのときのことを考えて「一切の」「すべての」なんて融通の利かない言葉を裁判所が使うかな？　憲法の判例は、「特段の事情のない限り…」として例外の生じる余地を残すことばかりだったしな

←

⑤正しいか誤っているかだったら、「一切の」「すべての」とあるウ・エは誤っているにするしかないな

このように、たとえ判例の判旨の細かい部分まで読んだことがなくても推理で解けます。

●その制度の一貫した考え方から推理するのが基本

推理で肢の正誤を判断するときによく使うのが、「その制度の一貫した考え方」です。テキストであれば、通常はその制度の説明の冒頭にあり、講義であれば最初に説明がされる話です。実際の問題で見てみましょう。民法で「囲繞地通行権」（民法２１０条１項）がありますが、それについての肢です。

平成21年度（午前）第11問

エ　Ａが、その所有する甲土地及び乙土地のうち甲土地をＢに譲渡した際に、これにより、Ａの所有する乙土地が公道に通じない土地になることを認識していた場合、Ａは、公道に至るために甲土地を通行することはできない。

仮にこの肢の知識がなかったとしても、以下の囲繞地通行権に共通する視点から推理することができます。

（囲繞地通行権に共通する視点）
とにかく出してあげなきゃ

くだけた言い方ですが、囲繞地通行権はこの視点が一貫してあります。囲繞地通行権とは、「他の土地に囲まれて公道に通じない土地の所有者が、公道に出られるように、自身の土地を囲んでいる他の土地を通行することができる」権利です。公道に出られなければ、自身の土地から出られませんので、生活していくことができなくなります。よって、「とにかく出してあげなきゃ」という視点があるのです。

この視点から、平成21年度（午前）第11問・エの肢を考えると、「Aが、…Aの所有する乙土地が公道に通じない土地になることを認識していた」とありますが、認識していたかにかかわらず、とにかく出してあげる必要がありますので、囲繞地通行権を主張することができます。

このように、「その制度の一貫した考え方から推理する」ことはよくありますので、知らない肢が出て、その肢の正誤を判断しなければならなくなったときは、テキストに記載されているその制度の一貫した考え方を思い出してください。

●あらかじめ準備しておく推理

分野によっては、知らない肢が出たときのことを考えて、あらかじめ推理の方法を準備しておくべきものもあります。

たとえば、「商法」がその1つです。商法とは、会社法・商業登記法のテキストや講義の中で扱われる分野です。この分野は、会社法制定後の出題である平成18年度から平成20年度までは出題されていませんでしたが、平成21年度から出題されるようになり、以降令和4年度まで毎年出題されています。平成21年度より会社法（商法）の出題数が、平成20年度までの8問から9問に増えたのは、この商法の席が増えたからだと思われます（会社法（商法）の出題数が9問に増えたのに伴い、平成21年度より民法の出題数が平成20年度までの21問から20問に減りました）。

今後も、商法は午前で1問出題されると思われますが、過去問の蓄積が少ないため、予備校も出題範囲を絞りきれていないのが現状です。よって、知らない肢が出る確率が高い分野となっています。そのような分野については、あらかじめ推理の方法を準備しておくことが得策です。その方法とは、次のものです。

【商法で推理する視点】

①商法は民法の特別法である

②商法の**制度趣旨は、簡易・迅速**

③**商行為各論**（商法の第2編第2章～第9章）は、具体例のあるものについては**具体例を1つは押さえる**

①は、どのテキストにも書かれていることですが、知らない肢が出たときに推理する手段となります。たとえば、この視点から、以下のテクニックが導き出されます。

（テクニック）

原則として民法と同じ内容の肢だったら、誤りと判断する

商法は、民法の特別法ですから、商法に規定されていることは、基本的には民法と異なる規定です（民法と同内容の規定もあります）。このテクニックから、次の肢の正誤を推理することができます。

平成23年（午前）第35問

イ　売買の性質により、一定の期間内に履行をしなければ契約をした目的を達することができない場合において、当事者の一方が履行をしないでその時期を経過したときは、相手方は、直ち

にその履行の請求をした場合を除き、相当期間を定めた履行の催告をすることなく、直ちにその契約の解除をすることができる。

「定期行為の売買」という話です。定期行為の売買とは、クリスマス用品の売買のように、期日をすぎてしまったら、履行しても意味がなくなってしまう売買のことです。クリスマスパーティーのために注文したツリーが、12月26日に届けられても意味がありません。よって、民法では、履行の催告をすることなく解除することが認められています（民法５４２条１項４号）。

上記の平成23年（午前）第35問・イの肢は、この民法５４２条１項４号の規定どおりのことを言っているだけです。しかし、商法にはこの民法５４２条１項４号の特則があります。商法５２５条が、それです。

商法５２５条（定期売買の履行遅滞による解除）

商人間の売買において、売買の性質又は当事者の意思表示により、特定の日時又は一定の期間内に履行をしなければ契約をした目的を達することができない場合において、当事者の一方が履行をしないでその時期を経過したときは、相手方は、直ちにその履行の請求をした場合を除き、契約の解除をしたものとみなす。

「契約の解除をしたものとみなす」とあるとおり、民法542条1項4号と異なり、解除の意思表示さえ不要なのです。よって、上記の平成23年（午前）第35問・イの肢は誤りとなります。

続いて②ですが、商法は「簡易・迅速に」という趣旨で規定された法律です。商法は、商売のプロである商人（および商人と取引をする者）に適用される法律です。この「商売」という点が、ポイントになります。民法は、商売のプロではない一般人を想定した法律であるため、法的安定のため〝慎重さ〟があります。しかし、「商売」となると、一々慎重にやっていては回らなくなってしまうのです。よって、「簡易・迅速に」という趣旨で規定が設けられることになります。

たとえば、先ほど例に出した、平成23年（午前）第35問・イの肢の出題の元となった商法525条も、この趣旨から規定されたものです。民法では、（催告は不要ですが）解除の意思表示は必要です。それに対して、「簡易・迅速に」という趣旨のある商法では、解除の意思表示さえ不要としました。次のビジネスチャンスを求める必要がある商人については、解除の意思表示さえせず、次の取引相手を探すことができるようにする必要があるのです。

③は、知らない肢が出たときに、推理しやすくするために、商行為各論（商法の第2編第2章〜第9章）について、具体例のあるものについては、具体例を1つは押さえるというものです。たとえば、商行為各論で出てくる「仲立人」という知識に関する出題があったとして、その肢の知識を

知らなかったとしても、「仲立人」の具体例として不動産業者や旅行業者が浮かぶのと浮かばないのでは、推理のしやすさがまるで違ってきます。「不動産業者であれば、そのような義務は要求されるかも…」などと考えることができます。

よって、具体例のあるものについては、具体例を1つは押さえてください。いくつか例を示します。

（第4章 匿名組合）投資ファンド
（第5章 仲立営業）不動産業者・旅行業者
（第6章 問屋営業）証券会社
（第8章 運送営業）宅配会社・鉄道会社
（第9章の場屋営業）ホテル・旅館・映画館

●推理は、4分の1の労力で済むことも

たとえば、「正しいものの組合せを選べ」という問題で、答えの候補が以下のものだったとします。

1、アイ　2、アウ　3、イオ　4、ウエ　5、エオ

そして、アに「◎」（明確に正しい）が付けられたが、イ～オがすべてテキスト・過去問にない知識だったとします。この場合に、普通は、

①イが、正しいのか
②イが、誤っているのか
③ウが、正しいのか
④ウが、誤っているのか

を考えてしまいます。ですが、推理して決める必要があるのは、**この①～④のうちの１つだけです。**１つ決めれば、他の３つは自動的に決まります。

「①～④のうちの１つだけでいい」――この当たり前のことを常に意識しているかいないかで、正解率に大きな差が出ます。漠然と解いていると、「イは、誤りかもしれないなと思うんだけど、正しくないと言えるかな……。そうすると、ウは、えーっと……」などと迷走していきます。生真面目に４つ全てを検討しようとせずに、**１番推理しやすいところだけ**を考えればいいのです。「４つのうちの１つだけ」という意識があるかどうかが、推理が上手くなるかどうかを左右します。

column

◆

暗記科目ではなく、日本史

司法書士試験とは、知識を試すだけの試験

ではありません。

司法書士試験とは、知識**＋その場で考える力を試す試験**

です。本試験の問題を見ると、どう考えても受験生の方が知らないはずの知識が出題されています。この知識をすべてカバーすることは不可能ですし、そんな必要もまったくありません。試験委員が、「受験生が知っているはずはない知識だから、その場で考えろ」と意図して出題しているかは定かではありませんが、こちら側としてはそのように考えて対策するのがベストです。

35問中30問が知識、５問がその場で考える、と思っていてください。たとえて言えば、この試験は、単なる暗記の試験ではなく「日本史」の試験なのです。日本史を単なる暗記科目と捉えている人がいますが、時代背景や同時代の他の知識から推理をして答えを出せることが多々ある科目です。司法書士試験も同じです。

もちろん、「その場で考える」とは、ゼロから考えるわけではなく、手持ちの基礎知識から考えます。その方法が「推理」です。

本試験において、推理で正解することができるかのポイントになるのが、上記の「司法書士試験とは、知識＋その場で考える力を試す試験である」ということを**普段の勉強の際に常に意識していられるか**どうかということです。

第8章

記述・省エネ学習法

第1節　申請書はできるだけ書かない

●申請書はしゃべれれば書ける

司法書士試験の午後の試験では、記述式の問題2題（不動産登記1題・商業登記1題）が出題されます。法務局へ提出する登記の申請書の一部を書かされます。よって、申請書の記載例を不動産登記・商業登記のそれぞれで百パターン程記憶する必要があります。この申請書の記憶の一般的な勉強法は、「書いて書いて書きまくって、申請書の記載例を体に染み込ませる」という方法です。

しかし、私のやり方はまったく違います。本試験までに申請書は、8回しか書いたことがありませんでした。本番は9回目でした。本試験までに書いたのは、年度別の過去問を解いたときと、模試のときだけです。これは、解答を書くのにどれくらいの時間がかかるのかを知っておく必要があったために書いただけです。申請書を思い出せるようにするためではありません。書かないほうが短期合格できるのです。

申請書を思い出せるようにする勉強法は、３つあります。

①書きまくる
②声に出しまくる
③書きながら、声に出しまくる

①が、最も一般的な方法です。たしかに、書くことで集中力は上がります。ですが、最大の欠点があります。それは、**時間がかかりすぎる**ことです。私は、記述の勉強を始める2～3週間くらい前に、記述で問われる次の３つのフレーズを使って実験を２つ行いました。

Ⅰ　資本金の額が会社法及び会社計算規則の規定に従って計上されたことを証する書面
Ⅱ　1番抵当権を○○持分の抵当権とする変更
Ⅲ　1番抵当権の効力を所有権全部に及ぼす変更

まず、第1の実験は、Ⅰを①～③の方法で5回繰り返すとどれくらいの時間がかかるかというものです。①だと2分30秒（150秒）、②だと25秒でした（③は書きますから、①とだいたい同じです）。②なら、①の6分の1の時間しかかかりません。

第2の実験は、Ⅱを①の方法で、Ⅲを②の方法で、それぞれ5回繰り返し、1週間後にどちらのほうが書けるようになっているかというものです。①の方法だと、書いていると途中でつまってしまいました。②の方法だと、スラスラ書けました。①は、「視覚」と「手の筋肉」を刺激します。②は、「視覚」と「口の筋肉」に加えて「聴覚」を刺激します。両方とも、能動的な作業（書くこと・しゃべること）を含みますので、集中できるという点では良いのですが、脳への刺激という意味では、②のほうが優れています。自分で声に出すと、海馬《かいば》が刺激され記憶に良いことは脳科学で証明されています。しかも、早口で何回かしゃべれば、**自然と次の言葉が出てくるようになります。**これは、みなさんも実際に経験したことがあるはずです。

たとえば、九九を思い出せるようにするときに、「ごろく、さんじゅう」などと、繰り返し声に出して練習したと思います。書くことによって九九を思い出せるようにした人は、ほとんどいないはずです。繰り返し声に出していると、考えるよりも先に口から言葉が出てくるようになります。みなさんも、「ごろく?」と聞かれれば、考えるよりも先に「さんじゅう」と口から出てくるでしょう。それに対して、「ごたすろくは?」と足し算を聞かれたらどうでしょうか? コンマ何秒ですが、頭の中で計算する（＝考える）はずです。しゃべっているか、しゃべっていないかの違いです。申請書のフレーズであっても、同じです。

ただし、この方法には、一点だけ注意しなければならないことがあります。それは、漢字を間違える可能性があるということです。しかし、記述で書く漢字は、難しいものはほとんどありません。Ｉのうち、間違える可能性のある漢字は、「規定」の「定」を「程」としてしまうくらいでしょう。こういう場合は、受験勉強の段階において、「規定」だけを数回書くか、「定」という字を赤丸で囲んでおいて復習の際に漢字を意識するようにするといった対策をしておけば十分です。

この方法を用いることにより、時間が６分の１（第２の実験の結果を考えるとその何倍も）で済み、申請書をソラの状態で最初から最後までしゃべれるようになります。そして、**しゃべれれば、書けます**（この理由は後述します）。

③ですが、②に「手の筋肉」が加わるのにもかかわらず効果が②とたいして変わらなかったです。書くスピードとしゃべるスピードが異なるため、１回書いている間に６回しゃべることになります。②に「手の筋肉」が加わったのに効果が上がらない理由は、おそらく、このテンポの違いが脳への刺激としてフィットしないのではないかと思われます。

column

◆

息継ぎなしで

この「早口でしゃべる」ということには、１つコツがあります。それは、早口でしゃべるときに、**息継ぎをしない**ことです。書かないでしゃべることの目的の１つに、「本試験当日に、申請書のフレーズを考えなくても自然に書けるようにする」ということがあります。午後の試験の３時間のうち、記述の解答を書く時間だけで、不動産登記と商業登記を合わせると、短くても40分、長いときは１時間程度かかります。もちろん、書くスピードが速ければ有利です。ですが、もう１つ重要なことがあります。

それは、書いている途中に次のフレーズを考えてしまい書く手が止まってしまわないようにすることです。たとえば、「会社法及び」とまで書いて、「えーっと、次は、そうだ『会社計算規則の』だった」では時間があまりにかかってしまいます。このようになってしまうことを防ぐ対策として、申請書のフレーズを息継ぎなしで一気にしゃべる練習をしておくことが非常に効果的です。

息継ぎなしで一気にしゃべっていれば、申請書のフレーズが一連の言葉として体に染み込み、本試験で書いている最中に手が止まることがなくなります。

●「申請書は書かない」と英語

私は、高校時代、数学や物理は一桁の点数を取るのが普通だったのですが、英語や日本史は割と得意でした。よって、英語の勉強法から記述の勉強法を考えました。英語を効率よく習得する方法としてよく推奨されるのが、「音読」や「シャドウィング」です。「シャドウィング」とは、ネイティブの人などが読んだ英文を後から追いかけて読むことです。これが司法書士試験の記述にも活かせたら最高なのですが、私の受験生時代には、そういった趣旨の教材は存在しなかったので残念ながらこの方法は使えませんでした。ということで、残った方法は「音読」になります。

英語の場合は、英文自体を見ながら音読を繰り返せば「話す・聴く・読む」という能力は上がるでしょうが、「書く」という意味ではかなり不安があります。たとえば、「ウェンズデイ」としゃべれても、「Wednesday」と書けない可能性は大いにあります。ただ、これは英語に特有の話です。英語は、必ずしも発音とスペルが一致しません。英語圏が識字率が低くなる1つの理由に、これもあると思われます。しかし、日本語は、**発音と平仮名は一致します**。これが記述の勉強の〝ｋｅｙ〟になります。英語ではなく日本語で書く申請書は、しゃべれれば平仮名は書けるのです。あとは、漢字の問題だけです。「更正」を「更生」と書いてしまうといったことはあるかもしれません。ですが、さすがに、「所有権移転」や「売買」などは、間違える人はいないでしょう。つまり、前述したように、書けない可能性のある漢字だけを何回か書く練習をするか、赤丸で囲んでおき、あとはしゃべって思い出せるようにすれば十分です。
日本語は「しゃべれれば平仮名は書ける」のです。

●申請書を書かないもう1つの利点

申請書を書かずに記述の勉強をすることで、本試験で他の受験生の方よりものすごく有利になれる場合があります。他の受験生の方が「まずい！」と思うときに、「やった！」と思えます。

本試験の実際の例で説明すると、たとえば私が合格した平成22年度の商業登記（記述）の新設分割です。ほとんどの受験生の方が、「新設分割の申請書なんて書いたことがない」→「まずい！」と思いました。なぜかと言うと、組織変更・合併・会社分割・株式交換・株式移転・株式交付といった会社法で「組織再編」という項目に分類されているものは、平成22年度の本試験までは、「まず出ないだろう」と予備校で言われていました（その後は、平成24年度に吸収合併、平成26年度に組織変更、平成27年度に株式交換、平成28年度に吸収分割、令和元年度に吸収合併と、組織再編が商業登記（記述）で出題されるのが当たり前になりました）。それに対して、私はまったく違う反応でした。

「新設分割も書いたことがない」→「他の受験生の方は動揺しているな」→「やった！」

と思いました。これは、択一と同じ発想です（第6章●知らない肢にガッツポーズ参照）。司法書士試験でものすごく重要なこと、それは、**相対評価**であるということです。誰もが知っている当たり前のことですが、強く意識するとこんなにも違いが出ます。あの日、新設分割を見て、私のように、2回ガッツポーズをして、小さな声で笑っていた人はほとんどいないでしょう。組織再編の申請書も普通にテキストに載っていましたから、択一のためにしゃべっていました。「択一と記述の勉強を分けない」という意味の1つは、こういうことです。

受験界では、「記述は、択一以上の知識は出ないから、特別なことをする必要はない」という主張があります。しかし、具体的なやり方を示す人はいません。そのため、受験生の方は、記述の問題集あるいは申請書の雛形集に載っている申請書を書きまくるという方法を採ります。そして、そこに載っていない（＝書いたことのない）申請書が本試験で出るとパニックになってしまうのが実際のところです。択一と記述の勉強を兼ねる具体的なやり方は、これです。

「テキストの申請書の部分をしゃべる」

これで、択一の勉強がそのまま記述の勉強になります。前述したように、私は、本試験までに申請書は8回しか書いたことがなかったので、書いたことのない申請書が出る確率のほうがはるかに高かったです。私が解いて申請書を書いた年度別の過去問は直近の年度のものですから、本試験で再び出される確率はかなり低かったです。また、2回しか受けていない模試の問題（解答の際に申請書を書きました）が当たるとも思っていませんでした。しゃべって思い出せるようにしている人には、**書いたことがあるかと、本試験で申請書が書けるかは何の関係もありません。**関係があるのは、テキストにあったか（＝しゃべったことがあったか）です。

こういった理由から、記述の申請書を書くときの頭の中での検索先は、記述の問題集や申請書の雛形集ではなく、択一の勉強にも使用するテキストとなります。

第2節　記述特有の対策をする

●択一ができれば記述の基準点は自動的に超えられるわけではない

受験界ではよくこんなことが言われます。

「択一ができれば、記述の基準点は自動的に超えられる」

これは、非常に危険な間違いです。午前・午後の択一の基準点をクリアした人のうち、約半数が記述の基準点に届きません。これは、平成23年度から法務省が「得点別員数表」などの情報を公開するようになり、明らかになりました。半分の人が記述で落ちるわけです。午前・午後の択一の基準点をクリアした人たちなわけですから、実力がある人たちです。運が良かっただけで、午前・午後の双方の択一の基準点をクリアすることはできません。午前・午後の択一の基準点をクリアした人が、記述の申請書を書けないということは、あまりありません。今までの試験で、普通のテキストに載っていない申請書が出たことはほとんどありません。にもかかわらず、半分程度の実力者が基準点に届かない理由は何か？　それは、**記述特有の対策をしていないから**です。

たとえば、記述特有の対策に、「記述におけるミスの防止法」があります。よく言われることですが、記述で重要なことは、ミスをいかに減らすかです。記述では、１つのミスだけで基準点に届かないことも十分にあり得ます。記述は特有の対策をしないと、本当にミスが起きます。代表的なミスとして、以下の２つが考えられます。

①書かなければいけないとわかっているのに、書き漏らす
②問題文の指示を無視してしまう

①を防止する方法は簡単です。①のミスが起こる理由は、「最初に読んだ時にはその事項を答案用紙に記載しなければいけないとわかったが、実際に書く時に思い出せなかった」です。

対処法は、「記載するだろうなと思った事項を見た瞬間に、答案用紙に書く」というものです。たとえば、「種類株主総会議事録を添付するだろう」と考えたら、その瞬間に、答案用紙の添付書面の欄に「種」と書いてしまうのです。通常の人は、十数分前に「注意しなければ」と思ったことを都合よく思い出すことはあまり期待できません。みなさんも、たとえば、「十数分前に『携帯電話を忘れないようにしよう』と思ったが、携帯電話を持たずに自宅を出てしまった」といった経験があるでしょう。私は、初めから書き漏らすと確信していたので、答案用紙にすぐに書きました。もちろん、「種類株主総会議事録」などとすべてを書いていたら時間がもったいなさすぎるので、頭文字の「種」しか書きません。もし種類株主総会議事録が不要な登記であったのならば、「種」という文字を二重線で消せばいいのです。

②の「問題文の指示」には様々なものがありますが、①と同じ方法で対処できるものも多いです。「問題文の指示を見た瞬間に、答案用紙に書く」という対処法です。記述の問題の指示は、「答案作成上の注意事項」だけではなく、問題文の冒頭など、記述の問題用紙に散点しています。特に平成23年度以降の記述は、「注意事項などの配置を前年度以前の問題と異なる項目に置く」ということが多いです。つまり、問題文の指示の内容自体は大差がないにもかかわらず、その配置位置をずらして受験生の方を惑わしてくるのが近年の記述の傾向であります。この傾向は、商業登記（記

述）よりも不動産登記（記述）に強いです。問題文に散点する指示のすべてを、答案用紙に書く時にすべて思い出すなどということは、できるわけがありません。よって、①と同じように、答案用紙に書いておけばいいのです。たとえば、「登録免許税の根拠条文を書け」という指示であれば、答案用紙の登録免許税の欄に「（登　）」（より時間を節約するには、「（　」のみ）と書いておけばいいのです。そして、答案用紙に記載するときに、「（登録免許税法第13条第2項）」などと完成させます。不要だった欄については、二重線で消します。そうすれば、根拠条文を書き漏らすこともありません。

①・②に共通することですが、「人間の脳を過信しすぎない」ということが原理です。誰でも、問題文の指示を読んだ時は、答案用紙に記入する時にそれが浮かばないなどとは思ってもいません。しかし、実際に答案用紙に記入する時には、ほとんどの人がその問題文の指示のことを考えていません。**人間の脳などその程度のもの**です。十数分前のことが常に頭に浮かんでいる人のほうが少数派です。従って、人間の脳のレベルを認めて、きちんと対策をしてください。

column

「択一と記述の勉強は同じ」という本当の意味

私は、申請書の雛形集は持っていませんでした。記述においては、基本的に知識は択一以上のことは出ませんので、テキストが勉強の中心です。不動産登記法・商業登記法のテキストには、記述で書く申請書が載っています。テキスト以外に記述対策で使用したのは、記述の問題集です。

ですが、問題集は検索先の一元化（第３章第２節「情報の一元化」ではなく「検索先の一元化」参照）の教材ではありません。検索先の一元化の教材は、択一の勉強にも使用するテキストです。こちらのほうが意味のある体系的な順番で並んでいます。また、**択一と記述で思い出すときの検索先を変えてしまったら、検索先の一元化になりません**。択一の勉強をするときに、申請書を音読しますので、記述の勉強にもなります。これが、「択一と記述の勉強は同じ」という本当の意味です（決して、「択一ができれば、記述の基準点は自動的に超えられる」わけではありません）。

具体的な申請書の学習方法ですが、テキストを下に置いて目を閉じて、「目的は所有権移転、原因は年月日売買、申請人は権利者Ａ……」などとしゃべります。しゃべるのは、試験で問われる部分のみです。

第3節　一目でわかる最小限の答案構成

●不動産登記の答案構成

午後の試験では、答案構成用紙という裏表白紙のＡ４の紙が１枚配られます。「記述を解くときに、メモとして使用してください」との試験当局側の配慮だと思われます。この答案構成用紙を使って記述の事案の整理をするという方法が、一般的です。

私の不動産登記の答案構成の方法を、実際に平成22年度の試験で書いた答案構成を示してご紹介します。

これが、平成22年度の試験で実際に書いた答案構成用紙です。
※下半分は持分や登録免許税の計算なので、上の半分をご覧ください。

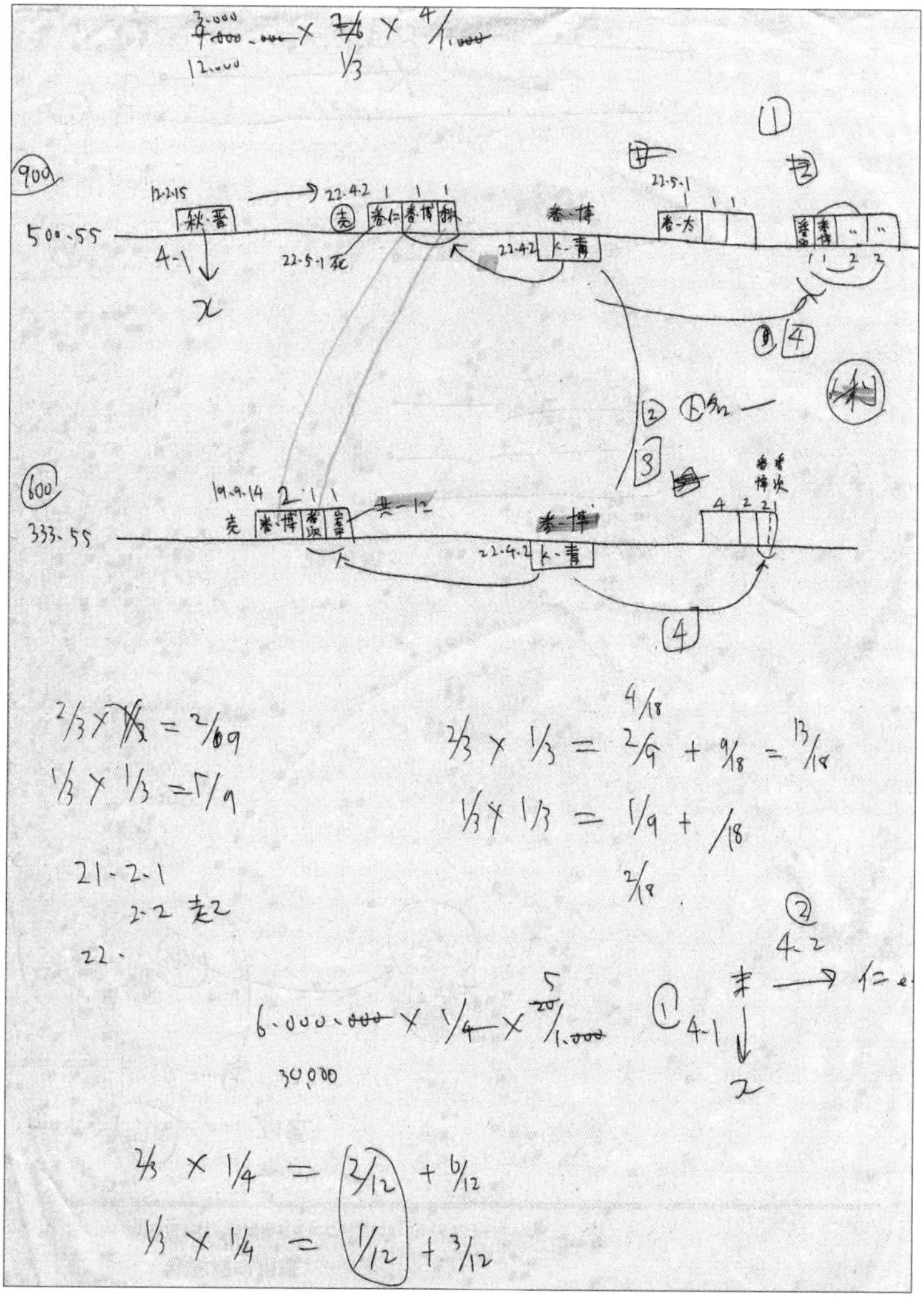

箇条書きで順次説明します。

・左に「500・55」「333・55」と地積を書いていますが、これで不動産を特定しています。不動産は、土地の場合は所在・地番・地目・地積で、建物の場合は所在・家屋番号・種類・構造・床面積で特定するのが基本です。このうち、所在や地番で特定する方法もありますが、「新宿区……」「123番1」などですと、2つの不動産が同じであることや似ていることがあるため、判断しづらいです。よって、一目でわかる地積で特定しました。建物なら、床面積で特定します。
・「500・55」「333・55」から右に線を伸ばし、線の上に甲区・下に乙区の情報を書いています。その線の上下に書いている四角が、登記です。
・各登記の左上に書いている日付は、登記の対抗力の備わる受付年月日です。受付年月日は、名変登記において、変更の登記になるか更正の登記になるかの基準となる日付でもあるため、答案構成用紙に記載しています。
・「1～4」とあるのは、申請する登記の順番です。書き直しをしていることから、試験中に迷ったことがわかります。
・「共―に」は「共有者に」、「(利)」は「利益相反」という意味です。
・香（取）・博（子）（↑k（株式会社）・青（山銀行）の上です）とある位置に、抵当権や根抵当

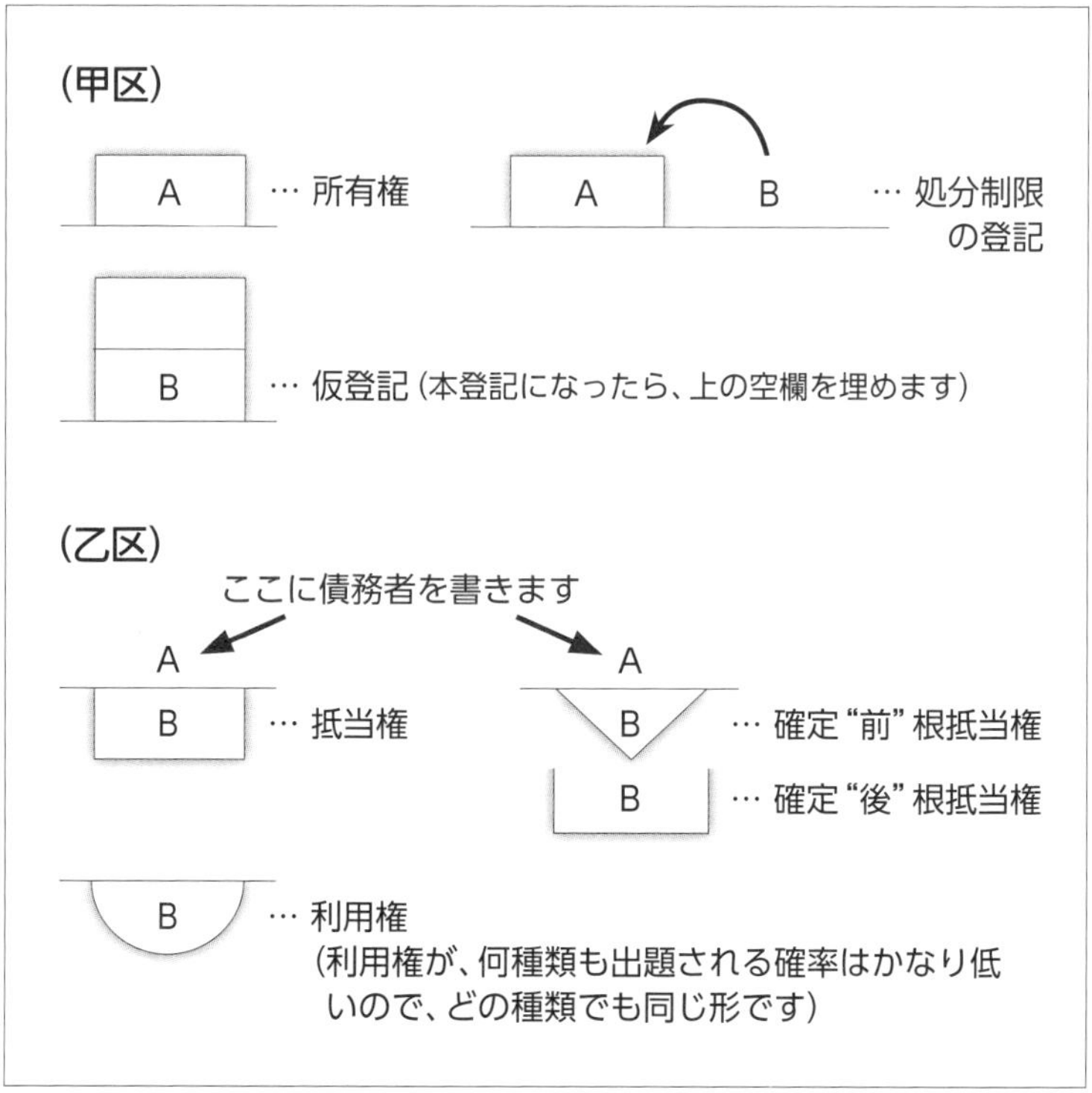

権の債務者を書いています。所有者の横に書くことで、所有者が死亡したときに、(根)抵当権の債務者の変更の登記をし損なうのを防ぐためなどの理由で、上に書いています。所有者と同じ高さにあることで、見落とす確率が減少します。

・上下の株式会社青山銀行(「k・青」)を線で結んでいるのは、共同担保という意味です。

　答案構成用紙で使う記号の一部をご紹介します。上の図をご覧ください。記号の形を考えたコンセプトは、**見た目のわかりやすさ**です。

なお、その他の答案構成用紙の記号や記述の解法（解く順番や前述した問題文の指示に対する対処法など）は、拙著『リアリスティック不動産登記法　記述式』『リアリスティック商業登記法　記述式』（いずれも日本実業出版社）をご覧ください。これらの書籍は、記述の学習を始める直前にお使いください。

column

◆

記述の過去問

択一の過去問は、昭和の時代の問題まで遡って解く受験生の方もいますが、記述に関しては５年分くらいしか解かない受験生の方がほとんどです。人によっては、５年分の過去問さえ解きません。私も、古い年度まで遡って解きませんでした。なぜかと言うと、私の受験生時代には、記述に関しては過去問の知識が繰り返し問われることはあまりないと考えられていたからです。

しかし、今後は考え直す必要があります。なぜなら、まず第一に、記述の出題もネタ切れになってきたからです。事実、平成22年度の試験では、記述の過去問にある知識が多数問われました。平成23年度以降の試験においても、記述の過去問と同内容の知識が多数問われています。

また、問題集・答練・模試などの問題ばかりを解いていると、本試験とのズレが生じます。これらの問題は、ほとんどが本試験よりも難しいですし（問題集には基本問題もあります）、ひっかけ方や注意事項の示し方などが本試験と異なっていることは、多々あります。よって、これらのズレが生じたときに、記述の過去問を解いて、本試験の難易度、ひっかけ方、注意事項の示し方などを確認する必要があります。

よって、みなさんは、記述の過去問についても遡って解いてください。

第9章 モチベーションを高め続ける具体的思考法

●合格に必要不可欠なもの

これは本当によく言われることですが、合格に絶対必要なことですので、この章の初めに書いておきます。合格に絶対必要なもの、それは、

「司法書士試験に絶対に合格したいという信じられないくらい強い思い」

これがあるから、勉強を続けられるわけです。私が1日17~20時間勉強できたのも、これがあったからです。これまで色々と勉強法を書いてきましたが、すべてこれがあることが大前提です。どんな効率的な勉強法を知っていても、これがない限り受かることはないでしょう。

●自分のために

受験の動機は何でも構いません。資格を取って独立したい・予備校で講師をしたい・お金持ちになりたい・異性にモテたいなど、人それぞれ司法書士の資格を取りたい動機は違うでしょうが、何でも構いません。しかし、そのバラバラの動機の中でも共通して重要であることがあります。それは、

「合格は周囲の人の望みではなく、**自分の望みである**」

ということです。周りの人に感謝しなくていいとか、自己中心的になるという意味ではまったくありません。扶養家族がいない私だからできた考え方かもしれませんが、合格後に成功する意味でも最も重要です。なぜかというと、周りの人が自分に大成功を望むことはほとんどないからです。

たとえば、会社の直属の上司で、自分よりはるかに仕事ができる部下を望んでいる人はほとんどいません。今までの仕事で1度も出会ったことがありませんし、他の会社の方の話を聞いても同じです。直属の上司にとって1番都合がいいのは、自分を追い抜かない程度に仕事ができる部下です。あまりに仕事ができなくても、自分の評価に関わって困りますから。

家族も、借金を背負う可能性がある開業司法書士と、勤務司法書士であれば、リスクの少ない勤

務司法書士を望むでしょう。仮に公務員の採用試験にも受かったのであれば、家族は「公務員になれ」と言うこともあるかもしれません。

それに、自分のために努力していれば重圧も少ないです。万が一不合格でも、「自分の努力が足りなかった」と納得できます。周りの人のためだと、かなりストレスが溜まります。

過程を見てくれるすばらしい人もいるでしょうが、ほとんどの人が結局は**結果しか見ません**。外面的にはどうあれ、心の中では「受かったのだから、努力したのだろうな。すごいな」「落ちたのだから、あまり勉強しなかったのだろうな」と思う人がほとんどです（努力の量だけで決まるわけがないのに）。みなさんが本書をご購入されたのも、私が5ヶ月で合格したからでしょう。同じ内容でも、答練・模試では成績上位者だが、まだ合格していない人が書いた本であったら購入されなかったと思います。

●モチベーション維持

どのようにして「絶対に合格したいという信じられないくらい強い思い」を維持するか。私は普通の受験生より1日の勉強時間は長いほうでしたが、常に最高のモチベーションを維持し続けて勉強できていたわけではありません。それができれば4ヶ月合格が可能です（第12章参照）。やはり朝は眠いですし、過去問を解いていて3問連続で問題を間違えたりするとイライラします。そこ

で、

①勉強することを潜在意識に刻み込み、習慣化する

②寝る直前・起きた直後に成功をイメージする

ということを行っていました。※潜在意識の意味は後ほど説明します（本章●本番に強くなった方法（2）——潜在意識で——参照）。

①は、朝起きてから寝るまで勉強し続けることを当たり前にするわけです。（わずかの休憩を除いて）勉強しかしないことが当たり前になっていれば、たとえテキストの内容が理解できなくてイライラしても、勉強を止めるほうが気持ち悪くなるようになります。習慣化すれば、後は勝手に体が動きます。1日中勉強することを当たり前にできます。

②も、潜在意識に刻み込むためです。潜在意識に刻み込む方法としては、「寝る直前に」成功をイメージすることのほうが有名ですが、「起きた直後に」イメージすることもかなりの効果があります。イメージするのは、「合格したとき（後）のこと」です。合格発表を見て、自分の受験番号を見つけて、家族に電話していることでも、自分の事務所を開いて、補助者の方を雇ってバリバリ仕事をしている姿でも、何でも内容は人それぞれで構いません。重要なことは、〝毎日〟寝る直前・起きた直後にイメージすることです。毎日繰り返すことによって、潜在意識に刻み込まれ、自

然と勉強に対する意欲も湧いてきます。

結局、この2つの方法は、**潜在意識**を上手く使うという意味では同じです。

また、朝起きたら、空を見ます。晴れている空を見ると元気が出ますし、本当に落ち着きます。今でも毎日、空を見ながら歩いています（↑周りから見たら変な人ですね）。

●本番に強くなる

間違いないことは、司法書士試験はよほどの正確な知識がない限り、本番に強いか弱いかが合否に大きく影響します。私が考える「本番に強い」とは、「練習の時以上の成果が出せる」です。

よく、「本番で練習以上の力が出るわけがないから、ひたすら練習する」とスポーツと同じように言われますが、「これは本当なのか？」と非常に疑問を感じていました。そこで、なぜこのように言われるのかを考えてみました。理由は**過度に**緊張するからです。スポーツなら、緊張しすぎて0・1秒スタートが遅れたら4年間の努力が……ということが十分にあり得ます。ですが、試験は2時間（ないし3時間）ありますから、一緒にすること自体が間違っています。過度の緊張状態は、持っても10分くらいです（私の場合は、結果的には10秒も持ちませんでした）。その後は、適度な緊張状態が続くはずだと考えました。

そうなれば、適度な緊張状態ですから、自宅や予備校で問題を解いているときより思い出せる幅が広がり、推理力が上がります。なぜなら、人間は緊張状態になると、不必要な体の器官が停止（休止）して、必要な器官に全神経を集中します。試験に当てはめると、胃や腸などの消化器官は停止（休止）して、テキストを思い出すことに全神経を集中します。1番の理由は、**「緊張するから」**です。先ほどの常識と理由は似ていますが、結論は正反対です。

また、「本番で練習以上の力が出るわけがない」ということは、こういうことを言う人がいるからそうなってしまう人が増えるのです。スポーツと同じように語ること自体が間違っているのに、何度も言われるうちに受験生の方は本当に実力が発揮できなくなってしまいます。

私は、本試験当日には、実力的には受験生の中で3、000番くらいだったと思われますが、「本番の強さ」という意味で3、000人中10番以内に入っていた自信はあります。当日は、本当にワクワクしていました。前の日に考えていたことは、「明日、晴れますように」です。

実際にどのようにして私が本番に強くなったかを、この後ご紹介します。

●本番に強くなった方法（1）――理屈で――

私は、元々本番に強かったわけではありません。学生のころは、試験といえば毎回緊張していました。問題文の簡単な日本語でさえ、文字としては頭に入ってくるが、内容は一切入ってこない現象（日本語が外国語のように感じる現象です）が何度も起きたほど、本番に弱かったです。しかし、合格するためには本番に強くなることが必要だと思いました。よって、次のページのような順で原因をたどっていきました。

①なぜ自分は本番に弱いのか？

↓

②落ちたくないという「落ちること」への恐怖の感情があるから。
では、なぜ落ちたくないのか？

↓

③受かりたいから。ん？　この答えおかしくないか？

↓

④「落ちない」＝「受かる」ではない。

「受かる」方法

1．合格点を取る

「落ちない」方法

1．合格点を取る（←100％落ちないわけではない）

2．受けない（←100％落ちない）

受けなければどんなことがあっても100％落ちない。

↓

⑤つまり、受かりたくて勉強を始めたのに、途中から動機が変わっている。「落ちたくない」と考えるのは変だな。もし、勉強していて「落ちたくない」と思うようになったら、受験しなければいいや。そしたら、100％落ちないから。

↓

⑥試験会場に行ったのなら、それは「落ちたくない」という動機は選ばなかったということだ。

↓

⑦だったら、「落ちること」への恐怖を感じるはずがない。

このように1つ1つたどっていった結果、「落ちたくない」と思わなくなりました。そして、より「受かりたい」気持ちが強くなりました。それまでの自分は、「受かりたい」と「落ちたくない」という、実際はイコールではない気持ちが混在していました。しかし、受験を始めた動機を冷静に考え直すと、「落ちたくない」という気持ちはなくなりました。

みなさんの中に、「落ちたくない」という動機によって勉強を始めた方はいないはずです。「受かりたい」から勉強を始めたのでしょう。本試験直前期および本試験当日には、その**原点**に戻ってください。

●本番に強くなった方法（2）――潜在意識で――

次に、試験が近づくと不安になることは悪いのか?ということを考えました。結論としては、以下の考えに至りました。

「不安になるということは、きちんと勉強してきて合格レベルにたどり着いたということだ」

なぜこういう結論に至ったのかというと、理由を「潜在意識」に求めたからです。潜在意識とは、19世紀にオーストリアの心理学者フロイトが発見したものです。「意識」は、簡単に言うと、今考えていることです。それに対して、潜在意識は、「無意識」と表現されることもあります。潜在意識を実感する1番わかりやすい例が「夢」です。夢を見ているときには、意識ではなく潜在意識が前面に出ます。「普段は全然意識していないのに、夢の中に○○君（○○さん）が出てきて実は好きだったと気付いた」といった経験は誰にでもあると思います。つまり、普段から無意識で考えていることが夢に現れるのです。すごい人になると、潜在意識を活用して夢の中で今抱えている問題を解決したり、夢の中で発明を考えたりするそうです。

潜在意識は生まれた時は真っ白で、どんどん情報を流し込むことによって形成されると言われています。

つまり、合格に必要な情報を潜在意識に流し込んできたことによって、意識では気付かないが、**潜在意識が合格レベルに達したこと（あるいは本試験当日までに合格レベルに達する見通しが立ったこと）を察知したために、**不安になったり緊張したりするのです。実は、人間は起きているときでも、脳のうちで意識に支配されているのは5％程度で、残りの**95％は潜在意識に支配されていると言われています。**毎日、通い慣れた会社や学校に考えずに到着できるのは、潜在意識に道順が刻み込まれているからです。

不安や緊張は、自分が意識していないのに突然「無意識」に現れます。「今から不安になろう！」と意識して不安になる人はいません。ですから、潜在意識が原因だと考えたほうが自然です。私は、急に不安や緊張が襲ってきたら、むしろ「やっと合格レベルに達した。間に合った！」と喜ぶべきだと3月ごろから考えていました。

私の場合、試験直前まで不安や緊張が襲ってこなかったので、そういった意味で不安でした。何とか、本番3日前の7月1日（木曜）に襲ってきたので「やった！　間に合った！」とガッツポーズしたのを記憶しています（すごい精神力がある人は、試験で一切緊張しないこともあるので、そういう方は不安や緊張が襲ってこなくても気にしないでください）。3月ごろから、急に不安や緊張が襲ってきたときにどういう思考をするかを考えていたおかげで、不安や緊張をプラスに変えられました。

●本番に強い具体的思考法（本試験前日～当日）

よく「本番で実力を発揮するために、繰り返し繰り返し練習しろ」と言われます。しかし、4～7ヶ月で受かろうと思っている人に、絶対的な自信を持てる程の練習をできる物理的な時間はありませんし、何万回練習しようが、緊張する人は〝考え方を変えないと〟緊張します。なぜなら、**練習はどんなに本番に近い形式だろうと練習**ですから、本番と同じ緊張感の練習はできません。ということは、1回目では受からないことになってしまいますが、そんなわけはありません。

では、本試験でどのように考えればいいのかですが、この手の話は時系列で具体的に書いたほうがわかりやすいので、本番前日からの思考・行動を順に書きます（以下のほとんどが、3月から徐々に考えて準備していた思考・行動です)。

(本試験前日24：00　就寝直前)

布団には入りましたが、「眠れなくてもいいや」と思っていました。「睡眠不足で集中できなくて落ちた」といった話は聞いたことがありませんでしたので、一睡もしなくても結果に影響はないと思っていました。今までの人生で最も大事な日ですから、一晩くらい徹夜だろうと本番で集中しないわけはありません。ただ、眠れなくても、一応目をつぶって布団で横になっていようとは思っていました。眠れなくても、横になっていれば体力はある程度回復します。このように「眠れなくてもいいや」と考えていたら、５分程で眠れました。「眠らなければ」と思えば思うほど眠れなくなってしまうことがわかりました。

(本試験当日6：30　起床)

これは本試験当日に限ったことではありませんが、カーテンを開けて寝ました。そうすると、朝日の光で起きるので、一気に目が覚めます。試験会場である神奈川大学は近かったので、もう30分程寝ていても間に合ったのですが、試験開始３時間前には起きました。脳は起床後３時間程たたないと始動しないことが１つの理由です。もう１つの理由は、毎日起きる時間が６：30だったので、同じ時間に起きたほうが体に良いと判断したからです。

自宅を出る前に勉強はしませんでした。

（本試験当日7：20　出発）

電車の中で、憲法のテキストの統治の部分を総復習しました。憲法のテキストは２回しか回していなかったことと、試験開始後すぐに憲法の統治の条文問題か人権の判例問題を解くと決めていたので、会場に向かうまでに総復習しました（平成22年度は、統治の条文問題は出ませんでした）。

（本試験当日8：00　東白楽駅到着）

東白楽駅から神奈川大学まで行く途中、ずっと空を見ていました。空を見ると本当に落ち着きます。周りに会場に向かって歩いている受験生の方は何十人もいましたが、上を向いて歩いていたのは私だけです（「そんな変なやつはお前だけだ」というツッコミが聞こえてきそうですが）。２６、９５８人受けて９４７人しか受からなかった試験です。「つまり、歩いていて見える30人くらいのうち、上を向いて歩いている自分だけが受かるのだ」と思いました。そのことに加え、当日は雨の予報も出ていたのですが、快晴でした。これも「自分のためだけに晴れたのだ」と思いました。

（本試験当日8：10　神奈川大学到着）

ここで、まさかまさかの事態です。なんと、「９：00までに集合（時間厳守）」とあったのですが、8：40まで教室に入れない、とのことでした。仕方なくキャンパス内の木の下で、試験開始前に見るために少しずつ作成していた4枚のメモを読んでいました。このメモには、たとえば、「午前択一は1問3分、午後択一は1問2分30秒以上かけない」（私は午後択一の1問にかける時間を「2分30秒」としていましたが、現在の試験であれば「2分」にしてください）といった注意書きが書かれています。会場ではテキスト類は一切見ないと決めていたので、電車で読むための憲法のテキスト以外は持参していませんでした。**試験会場に着いたら、勉強はしないほうがいいです。**なぜなら、試験会場に着くと嫌でも緊張感が高まってきます。そこでテキストなどを見て、あいまいな箇所を発見してしまうと、本当は他の箇所は理解しているのにもかかわらず、すべてが理解できていないのではないかと思ってしまいます。これも一種のカラーバス効果です（第6章●「時間切れ」という発想を捨てる参照）。

（本試験当日8：10～8：40　教室に入るまでの待機中）

教室には入れなかったのですが、ロビーのトイレには入れたので、一応試験前にトイレに行っておきました。トイレに行ってみると、廊下まで長蛇の列ができていました。「めんどくさいな～」と思いながら、仕方なく並んでいました。ですが、列が進まないのです。やっと順番が来てわかったのですが、みんな大のほうに並んでいて、私は小だったのでまったく並ぶ必要がなかったのです。ここで、「この並んでいる数十人の中で自分だけが受かるのだ」と再び思えました。並んでいる人は、要は神経的なものが原因でしょう。つまり、「試験中トイレに行きたくなったらどうしよう……」という不安で、あんな長蛇の列を作っていたわけです。しかも、それだけ不安になるということは、合格レベルの3、000人に入っている受験生の方です。記念受験やお試し受験の人は、不安になったりしませんから。

私は、この点について、3月くらいからどう考えるかを準備していました。私も胃腸は弱いほうなので。私は、**「トイレに行きたくなったら、試験中に行けばいいや」**と思っていました。「午後の試験でトイレに行って落ち着いたことにより、記述の論点がわかった」という合格体験記がいくつかありましたので、トイレに行ったら逆に良いことがあるかも、と思っていました（実際には集中していたので行きませんでしたが）。

「眠れなかったらどうしよう」と同じですが、「トイレに行きたくなったらどうしよう」と思うから、行きたくなるのです。「行きたくなったら、行けばいいや」と思っていたら、気付かないうちに試験は終わっています。

（本試験当日8：40　教室にやっと入れた）

まず思ったのは、「寒い！」ということです。7月だというのに、午前の試験開始1時間が経過したくらいでカーディガンを着ました。昼休みに確認したのですが、教室内の冷房は25℃に設定されていました。みなさんもカーディガンのように、簡単に着たり脱いだりできる服を持って行ってください。

私が運が良かったのは、左端の席だったため3人がけのイスに1人で座れたことと、前の人が欠席だったので足を伸ばせたことです。午後の試験は、問題冊子・マークシートの答案用紙・不動産登記（記述）の答案用紙・商業登記（記述）の答案用紙・答案構成用紙（平成22年度はそれらに加えて第35問の訂正の説明用紙）、と多数配られるので、3人がけのイスに1人で座れたのは本当に幸運でした。使わないものを遠慮せずに横に置いておけましたから。

試験の説明が始まる9：00までの20分間は、注意事項を書いたメモをもう1度読み直して、その後は精神統一をしていました。具体的には、テキストを10冊くらい持って来ている周りの受験生の方を見て、「1冊しかテキストを持って来ていない自分は受かるんだ」と思っていました。10冊も持って来ても、試験直前にそんなに見られるはずはありませんから、その人は、不安で不安でしょうがない精神勝負で負けている受験生の方です。ここまで揃うと、「今日は、自分のために世界が回っているのでは」と思う程の興奮状態になりました。

（本試験当日9：30　試験開始）

試験開始後10分くらいは、緊張しすぎて問題を読んでも文字を読んでいるだけで内容が一切入ってこないというのが普通だと思います。高校受験でそうなった経験があるので、対策は考えていました。その対策は、以下の2点です。

①**開始後すぐに問題を解かず**、周りを見る
②1問目は単純知識で解ける問題を解く

①は、開始の合図後、1度深呼吸をして、焦って解いている周りの受験生の方を見て安心してから問題を解く、という方法です。この方法は、1週間前に受けた模試でも試しました。その時は上手くいきました。しかし、本試験では上手くいきませんでした。

開始の合図後、すぐに問題を解かずに周りを見たのですが、模試と違い、周りにも焦って解いている人があまりいませんでした。受験番号も若いほうですし、前後100人くらいで4人合格者が出ているので、レベルの低い教室だったわけではありません。ということは、若い番号の教室でさえ、模試より本気度の高い人が少ないわけです。なぜなのか、試験後に考えてみました。記念受験やお試し受験の人は、1週間前の模試を受けません。1週間前の模試を受ける人は、その年の試験に本気で受かろうと思っている人だけなのです。だから、記念受験やお試し受験の人も大勢混じっている本試験のほうが緊張している人が少なかったのでしょう。結果的には、この①の後段の方法はあまり使えないことを奇しくも本試験で発見しました。「周りを見る」という方法は使えませんが、「すぐに問題を解かない」というのは使える方法です。なぜなら、試験開始の合図はいつくるかわかりません。**試験官のタイミングで**始まってしまいます。100m走で言えば、スタートを待

っている選手がいきなり後ろから手で押されてスタートするようなものです。よって、ペースを乱されて当然なのです。だから、開始の合図の後、深呼吸をするなどしていったん自分のペースに直すことは重要です。

②は、開始直後の1番緊張している時に、学説問題や空欄補充問題などが解けるはずがありませんから、単純知識問題を解くべきであるということです。私は、憲法の人権の判例問題か統治の条文問題を解くことにしていました（現在の試験では、憲法から解くことはお勧めできません）。平成22年度の試験は、統治の条文問題が無かったため、人権の判例問題（第2問）を最初に解きましたが、個数問題だったうえに推理で解かなければならない肢（ウ・エ）があったため、結果的には、あまり良くありませんでした。自信を持って正解だと思えて落ち着けたのは、その次に解くことにしていた会社法に入ってからでした。

（本試験当日11：30～12：30　昼休み）

この時間も、**勉強はしないこと**にしていました。午前の試験が始まる直前と同様、注意書きを書いたメモを見ていました。午後の注意書きは、ほとんどが記述に関するものです。たとえば、「相続人からする登記で、《相続を証する情報》を書き漏らすな」とかです。これは何度も何度も間違えました。あとは、「問題文の記述の最初のページを折れ」などと書いています。ページをめくりやすいように、ドッグイヤーをつけることにしていました。

昼休みは、神奈川大学の中庭で昼食を食べながらこのメモを読んでいました。あとは、大学の庭を散歩しました。実は、午前があまりに推理で解いた問題が多かったので、足切りになっていないか不安でした。結果は午前の出来が最も良かったのですが、昼休みには自信がありませんでした。推理で解いた以上、確信を持った答えではありませんから仕方ないことだったのかもしれませんが。こういう精神状態になる可能性も想定して対策を考えておくべきでしたが、そこまでは考えていませんでした。よって、仕方なくその場で考えました。基本に返り、「自分が知らない肢を他の受験生の方が知っているはずはない→推理で解いた自分が圧倒的に有利だ」と思いました。

ちなみに、昼食は、おにぎり1個と、ウイダーinゼリー1個です。食べすぎると集中力が落ちる可能性があるので、軽食にしました。

このように、私の場合は、午前と午後の間に、午前の足切りを心配してしまいました。みなさんには、そのような心配をして午後に余計な不安を残していただきたくないので、対処法を書いておきます。

司法書士試験に限りませんが、試験において、「自分がどれだけの点数が取れているかわかる」という人は、〝9割以上点数を取る実力がある方〟です。学校のテストを思い出してください。たとえば、算数が得意でいつも90点以上取っていた方は、算数のテストが返ってくる前に、どれくらいの点数か予想できたはずです。しかし、そこまでの実力がない方は、テストが返ってきた時に、予想よりも高かったり低かったりしたはずです。司法書士試験の択一において、9割の点数は31・

５問ですので、常時32問以上取れるような実力がある方以外は、ご自身がどれくらいの点数かの予想ができません。そして、午前で32問以上取った方は、令和４年度は「５８８人」、令和３年度は「６５１人」、令和２年度は「３３０人」、令和元年度は「１２３人」、平成30年度は「１９１人」、平成29年度は「84人」、平成28年度は「42人」、平成27年度は「１、６２５人」、平成26年度は「69人」、平成25年度は「３６７人」、平成24年度は「３５４人」、平成23年度は「１３３人」です（平成23年度より法務省が「択一得点別員数表」を公開していますので、平成23年度以降の人数を表示しています）。平成27年度は、問題がかなり易化し、基準点も異常に高い30問であった年度なので、この年度は外して考えてください。みなさんがこの42～６５１人に入っていない限り、昼休みに考えたご自身の出来は的外れである確率が高いということになります。

　このようなことから、みなさんが午前択一で９割以上取れる実力があるのならば「心配する必要はない」ということになり、９割以上取れる実力がないのならば「考えてもわからないから無駄である」ということになります。

（本試験当日13：00　午後試験開始）

　ほとんど、やり方は午前と同じです。始まってからすぐには問題を解きませんでしたが、周りを見るのは止めました。

column

◆

最後は自分だけを信じる

本試験が近づくと、みなさんの所には、答練や模試の成績表などが送られてきます。合格判定がＡやＢの方は、そのまま自信を持って気を抜かずに本試験に臨んでいただければ構いません。ＤやＥの方の中には、その判定を受けて諦める人もいます。

ですが、そこで絶対に諦めないでください。私の例で言うと、受験期間中に、私に「合格できる」と言ってくれた人は１人もいませんでした。１度も「合格できる」と言われたことはありませんでした。この試験のレベルを知っている人は、５ヶ月で合格を目指している私のことを鼻で笑っていました。１週間前の模試の結果（午前27・午後24）を言ったら、「その勉強期間でその点数までいったのなら、**来年は**受かるよ」と言われました。ただ、自分だけは「今年受かる！」と本気で思っていました。

本試験会場に行くのは、予備校の採点者でもなく、周りの人でもなく、あなたただ１人です。

第10章

予備校の利用法

私自身が、辰巳法律研究所において「リアリスティック一発合格松本基礎講座」を担当しています。私は、自身が担当している「リアリスティック一発合格松本基礎講座」が最も優れている講座だと思っておりますが、それは公平な目ではありません。そのため、予備校の利用法についてできる限り公平な目で記載します。

●基礎講座の選び方

もちろん、独学で合格することも可能です。予備校を利用して合格した人のほうが圧倒的に多いのですが、独学で合格する人も毎年一定数います。しかし、金銭的な余裕があるのならば、予備校を上手く利用したほうがいいです。基礎講座は法律知識の一切ない人にも対応した講座ですから、最も重要な講座であることに異論はないでしょう。基礎講座の選び方は、以下の3点を主な判断基準としてください。

①担当講師の説明のわかりやすさ
②担当講師の考え方
③使用テキスト

①担当講師は慎重に選んでください。担当講師の説明がわかりやすいかは非常に重要です。きちんと復習しても理解できない箇所が多いのならば、みなさんのせいではなく講師のせいです。ほとんどの予備校が、1回目の講義は無料で受講できますので、必ず1度自分で体験して判断してください。

②「考え方」とは、試験・勉強法に対する考え方のことです。講師によって考え方は様々です。たとえば、基本知識をしっかり理解していれば合格できるという講師もいれば、できる限り知識を増やさないと合格できないという講師もいます。本書で述べてきたとおり、私は前者の講師の考え方が正しいと考えています。基本知識がしっかりしていれば推理もできますし、第1章で述べたとおりそれだけで合格できます。このような講師の考え方を調べる必要があります。本書のような勉強法についての著書がある講師であればその著書を読めばわかりますが、そういった著書がある講師はほとんどいません。よって、講座の無料ガイダンスに参加することが、最も一般的な方法となるでしょう。無料ガイダンスでは、試験制度から講座の進め方まで様々な説明がされますので、その中でその講師の考え方がわかります。また、最近ではブログやツイッターを運営している講師も

多いので、そこから考え方を知るのも1つの方法です。

③これも非常に重要です。三種の神器のうち、六法と過去問はほとんど差がありませんが、テキストには大きな差があります。また、序章のコラム（テキストの選び方）で述べたとおり、平易な言葉で説明されたわかりやすいテキストを使用する講座を選ぶべきです。なお、本書の勉強法を取り入れたテキストは、私が担当している「リアリスティック一発合格松本基礎講座」で使用している『リアリスティックテキスト』以外にはありません。よって、私の講座以外をご受講される方は、お使いになるテキストに、ご自身で本書の勉強法を取り入れてください。たとえば、お使いのテキストに「＝」「≒」「┌」といった記号とページ数を書き込み、リレイティング・リコレクト法を実践してください（第5章第2節●リレイティング・リコレクト法とは？参照）。

●答練・模試を受ける目的

意見が分かれる答練・模試の目的について書きます。答練・模試で出される、過去問に出ていない知識（いわゆる未出の知識）が的中するかは、年度によってバラつきがありますので、置いておきまして、答練・模試には、たとえば、次の2つの利点があります。

①自分が知っている知識か知らない知識かの判別の練習ができる

②テキスト・過去問にない知識で構成された肢の**推理の練習**ができる

テキストは過去問を元にして作られているため、年度別の過去問集を解いても、一定割合は知らないことが出る本試験のシミュレーションにはなりません。私は、時間の都合から、無料模試と、本試験の1週間前の模試を受けただけでした。本試験を受けてみて、テキスト・過去問に載っている知識が正確になっているかが最も重要であることを再認識したのですが、この①②も練習しておく必要があると感じました。

答練・模試の過去問に出てない未出の知識は、そこまで重要視する必要はありません。「当たったらラッキー」程度の認識で構いません。

第11章

改正との向き合い方

●近年の主な改正

近年は、司法書士試験の試験科目である法令の改正が多く、ほとんど毎年何らかの改正がありまず。

平成26年以降の主な改正は、以下のとおりです。

【平成26年】会社法改正（監査等委員会設置会社の創設など）
【平成27年】商業登記規則改正（本人確認証明書、婚姻前の氏の記録の申出制度の創設）
不動産登記令改正・商業登記法改正施行（会社法人等番号など）
【平成28年】不動産登記法・商業登記法・供託法改正施行（審査請求）
商業登記規則改正（株主リストの創設）
【平成29年】不動産登記規則改正（法定相続情報証明制度の創設）

民法改正（債権法大改正）
刑法改正（性犯罪の重罰化など）
【平成30年】商法改正（口語化、一部内容の改正）
民法改正（成人年齢の変更）
民法改正（相続法改正）
【令和元年】民事執行法改正（財産開示手続の見直しなど）
民法改正（特別養子）
司法書士法改正（使命、司法書士法人、懲戒、欠格事由）
会社法・商業登記法改正（電子提供措置の新設、印鑑届義務の廃止など）
【令和２年】不動産登記規則改正（法人の印鑑証明書の提供・登記事項証明書の作成期限）
【令和３年】民法（物権法・相続法）・不動産登記法改正
借地借家法改正（デジタル化）
【令和４年】民事訴訟法改正（オンライン化）
刑法改正（侮辱罪の厳罰化と拘禁刑の創設）
民法改正（嫡出子・子の人格尊重等の規定等の創設）

※供託規則の改正など、細かい改正は他にもあります。

また、これは近年に限ったことではありませんが、毎年新しい判例、先例、登記研究などが出ます。

改正があると、受験生の方はそれについて勉強をする負担を強いられます。また、何年度から試験範囲になるのか試験が近づかないとわからない改正もあります。たとえば、平成26年の会社法改正は平成26年12月に平成27年度の試験範囲であることが法務省から発表されました。いつから試験範囲になっていつから勉強を開始すればよいのかがわからず不安な時期があるため、それも勉強のストレスとなってしまいます。

●改正や試験範囲の情報収集は予備校や講師に任せる

そこで、「情報収集は予備校や講師に任せる」としてしまってください。予備校や講師は、官報や法務省のウェブサイトを毎日チェックしていますし、法務省の官僚の発言や法律雑誌なども細かく追っています。よって、予備校のウェブサイトや講師のツイッターなどを定期的にチェックしていれば、どのような改正がされたのかや何年度から試験範囲になるのかを見逃すことはありません。私について申し上げると、改正情報は運営サイトとツイッターに掲載するので、1週間に1回程度でもチェックしていただければ、情報で他の受験生の方に後れをとることはありません。

・運営サイト
司法書士試験リアリスティック
https://sihousyosisikenn.jp/
・Twitter
松本 雅典（司法書士試験講師）@matumoto_masa
https://twitter.com/matumoto_masa

※最新年度の予備校の講座（基礎講座または中上級講座）を受講されている場合は、このチェックは不要です。改正についての情報は、講義内でアナウンスがされ、補講などの対応もされます。

●改正内容を学習するときのポイント

情報はこのように入手すればよいのですが、改正内容をどのように学習するかが問題となります。予備校は「改正完全対応」を売りにするので、「改正の学習は是非うちの講座で」というスタンスです。営利企業ですから、それはある程度は仕方ないでしょう。

しかし、改正内容を学習するために、常に予備校の講座を受講する必要があるわけではありません。たとえば、前述した平成26年以降の主な改正でいうと、講座の受講をしたほうがよい改正と講義の受講が不要である改正は、以下のとおりです。

・講座の受講をしたほうがよい改正

【平成26年】会社法改正（監査等委員会設置会社の創設など）
【平成29年】民法改正（債権法大改正）
【平成30年】民法改正（相続法改正）
【令和元年】会社法・商業登記法改正（電子提供措置の新設、印鑑届義務の廃止など）
【令和３年】民法（物権法・相続法）・不動産登記法改正
【令和４年】民事訴訟法改正（オンライン化）
刑法改正（侮辱罪の厳罰化と拘禁刑の創設）
民法改正（嫡出子・子の人格尊重等の規定等の創設）

・講座の受講が不要である改正

【平成27年】商業登記規則改正（本人確認証明書、婚姻前の氏の記録の申出制度の創設）
不動産登記令改正・商業登記法改正施行（会社法人等番号など）

【平成28年】不動産登記法・商業登記法・供託法改正施行（審査請求）
　　　　　　商業登記規則改正（株主リストの創設）
【平成29年】不動産登記規則改正（法定相続情報証明制度の創設）
　　　　　　刑法改正（性犯罪の重罰化など）
【平成30年】商法改正（口語化、一部内容の改正）
　　　　　　民法改正（成人年齢の変更）
【令和元年】民事執行法改正（財産開示手続の見直しなど）
　　　　　　民法改正（特別養子）
　　　　　　司法書士法改正（使命、司法書士法人、懲戒、欠格事由）
【令和２年】不動産登記規則改正（法人の印鑑証明書の提供・登記事項証明書の作成期限）
【令和３年】借地借家法改正（デジタル化）

講座の受講までは不要である改正も多いのです。講座を受講しない場合は、予備校の改正対策の無料講座や講師のツイッターなどを使って勉強してください。

この章の最後に、大事なことを書いておきます。

改正は、あくまで法令の一部についてのものであり、大きく捉えすぎない

平成26年以降の改正のうち最も大きな改正は、平成29年の民法改正（債権法大改正）です。しかし、これであっても、民法の一部（民法の5分の1程度）なのです。どうしても「改正があるから、ゼロから勉強し直さないと…」「改正があるから、翌年度の試験は見送って、その次の年度を目指そう」などと思ってしまいがちなのですが、そのレベルの改正はほとんどありません。

みなさんの「合格したい」という気持ちは、改正で左右されるようなものではないはずです。私の基礎講座の受講生の方からのご相談では、「会社を辞めたので、どうしても来年度の試験に受からないといけない」「妻に試験勉強に専念してよいと言われているのは来年まで」といったお声をお聞きします。翌年度に受かりたい気持ちのほうを大事にしていただき、改正に振り回されず、司法書士試験の合格を目指してください。

第12章　将来の司法書士（受験生）へのメッセージ

●超短期合格者が少ない最大の理由

本書を手に取っていただいた方には、ぜひ超短期合格（4～7ヶ月）を成し遂げていただきたいです。この試験は、4ヶ月で合格可能な試験です。私自身は、無駄が相当多く、集中力も満足できた日が10日くらいしかありませんでした。この2つが改善できれば、あと1ヶ月は短縮可能だったと思います。では、なぜ4ヶ月合格者を聞かないのか？　理由は2つあります。

①勉強を始めるのが4ヶ月前ということがたまたまである

②予備校が短期で受かると思っていない

まず①に関してです。たとえば、私は5ヶ月で合格しましたが、11月に司法書士試験の日を知っていたら、12月から始めていました。好き好んで遅らせる人はあまりいないでしょう（実は、1ヶ月遅らせようかと少し考えたのですが……）。「3ヶ月合格者はいない」と聞いたことがあったので、「4ヶ月合格なら日本一かも……」と少し考えました。ですが、間に合うのかという不安があったため、開始時期を遅らせることはしませんでした。勉強を始めようと思う時期は、人によって異なります。つまり、5ヶ月合格の人が1年で合格した人よりすごいとは限りません。1年で受かった人は、たまたま1年前に受験勉強を始めようと思っただけです。

②が、超短期合格者がほとんどいない最大の理由です。実は、私は、2月にある予備校に電話でパンフレットを請求しました。そうしたら、「申し訳ありません。間もなくパンフレットができ上がりますので、1週間後くらいには送付できると思います」と言われました。「何でまだパンフレットもできていないのかな?」と不思議でした。「在庫が切れたから刷っているのかな?」などと思って待っていました。そうしたら、1週間後に平成23年度向けのパンフレットが送られてきました（私は平成22年度合格です）。「今年は無理だから、来年の合格を目指せ」という意味だったのでしょう。こういうことを言われると（実際に言われたわけではありません）、燃えます。多分、12月以降に相談に来た人にも、「1年見送れ」と言うのでしょう。予備校は、自ら短期合格者を減らしています。こんなことをしていなかったら、これまでに4～7ヶ月で合格する人は相当いたと思います。

予備校が無理だと言ったとしても、諦めないでください。本書に書いてある方法を用いれば、専業受験生ならば4ヶ月、働きながらの人は1年で合格可能です。

●４ヶ月合格を目指しませんか？

今、司法書士試験の勉強を始めようと思っている方で、１日中勉強できる環境の方は、本試験まで４ヶ月以上あれば、直近の試験を受けてください。４ヶ月あればギリギリ間に合います。客観的・物理的に考えて、この試験は、**４ヶ月あれば受かります**。３月から始めても、１２０日×17時間＝２、０４０時間あります。１日20時間やれば２、４００時間です。一発合格する人の勉強時間とそこまで変わりません。本気になれば、十分こなせる勉強時間です。私の講座では、２０００時間以下の勉強時間で一発合格している方もいます（働きながらで、２０００時間確保できなかった方たちです）。

１日中勉強していると、勉強のことしか考えませんから、夢の中でも勉強している状態になります。私は、夢の中で、「この間、わからなかったあれってこういう意味かな？　よし、起きたらテキストで確認してみよう」と思い、起きた瞬間にテキストで確認するといったことは何度もありました。潜在意識を勉強一色にしていくと、こういう現象が起こることは、よくあるそうです。

「自分は、記憶力は良くない」と思っている人は結構いると思います。私も「記憶力」は本当に良くありません。たとえば、前日の夕食のメニューを思い出せることは稀です。前々日の夕食など思い出せた記憶がありません。単純な記憶力と、試験に必要な知識を本試験で思い出せるかは関係がありません。**思い出し方を工夫すればいいだけ**です。逆に言うと、単純な記憶力で、この試験に必要な知識を思い出せるようになる人なんて、日本で数人いるかどうかでしょう。
　思い出し方は、本書に書いてある方法を使ってください。

●最後に1度だけ言います

　この言葉は嫌いなので、本書で1度も使ったことがありませんでしたが、最後に1度だけ言います。

「頑張ってください」

　なぜ「頑張る」という言葉が嫌いかと言うと、「頑張る」なんて当たり前のことだからです。合格したいのなら、勉強できる時間のすべてを勉強に当てるのは当たり前です。この当たり前のことをしている人に「頑張れ」というのは大変失礼なので、今まで書きませんでした。ですが、実際には当たり前のことを当たり前にしている人は、ほとんどいません。司法書士試験は、６００人以上の人が合格する試験です。当たり前のことをしていれば、していない人は勝手に脱落していきます。「頑張る」という当たり前のこと、これを絶対に守ってください。

本書をお読みいただきまして、誠にありがとうございます。本書をお読みいただいたすべての方が、合格発表の日に人生最高の笑顔をしていることを切に願っております。みなさまの合格を心より祈念しております。

祈合格

付録

4ケ月で
合格する勉強計画

4ヶ月で合格する勉強計画

7月の第1日曜日に行われる司法書士試験の4ヶ月前（3月1日）からスタートした場合を想定しています。なお、勉強計画の詳しいことは、本編第2章●日々のスケジュール、column 勉強計画を立てるコツ、および●科目ごとの進捗状況をご参照ください。

第1クール（テキスト1周目）

	択一	記述
3月1日 ～3月22日	民法 民法過去問	
3月23日 ～4月8日	不動産登記法 不動産登記法過去問	
4月9日 ～4月29日	会社法・商法・商業登記法 会社法・商法・商業登記法過去問	不動産登記（記述）問題集 不動産登記（記述）過去問
4月30日 ～5月1日	憲法 憲法過去問	不動産登記（記述）過去問
5月2日 ～5月9日	民事訴訟法・民事執行法・民事保全法 民事訴訟法・民事執行法・民事保全法過去問	商業登記（記述）問題集
5月10日 ～5月11日	供託法 供託法過去問	商業登記（記述）過去問
5月12日	司法書士法 司法書士法過去問	商業登記（記述）過去問
5月13日 ～5月15日	刑法 刑法過去問	商業登記（記述）過去問

※会社法（択一）・商業登記（記述）過去問は、会社法が施行された平成18年度以降のみで構いません。その他の択一の過去問・不動産登記（記述）過去問は、最低でも、平成の問題は解いてください。

第2クール（テキスト2周目）

	択　一	記　述
5月16日 ～5月17日	民法	商業登記（記述）問題集 （2日に1問）
5月18日	年度別過去問	
5月19日 ～5月24日	民法	商業登記（記述）問題集 （2日に1問）
5月25日	模　試	
5月26日 ～5月27日	民法	商業登記（記述）問題集 （2日に1問）
5月28日 ～5月31日	不動産登記法	商業登記（記述）問題集 （2日に1問）
6月1日	年度別過去問	
6月2日 ～6月3日	不動産登記法	商業登記（記述）問題集 （2日に1問）
6月4日 ～6月7日	会社法・商法・商業登記法	不動産登記（記述）問題集 （2日に1問）
6月8日	年度別過去問	
6月9日 ～6月14日	会社法・商法・商業登記法	不動産登記（記述）問題集 （2日に1問）
6月15日	年度別過去問	
6月16日	憲法	
6月17日	民事訴訟法・民事執行法・民事保全法	不動産登記（記述）問題集
6月18日 ～6月20日	民事訴訟法・民事執行法・民事保全法	不動産登記（記述）問題集 （6月19日に1問）
6月21日	供託法	不動産登記（記述）問題集
6月22日	模　試	
6月23日	供託法・司法書士法	
6月24日 ～6月25日	刑法	不動産登記（記述）問題集 （6月24日に1問）

※このクールから本試験まで、毎週日曜日に、年度別の過去問を解く、模試を受けるということをしてください。年度別の過去問は本試験と同じ時間で問題を解くため、模試は周りに他の受験生がいる中で試験を受けることに慣れるためです。

第3クール（テキスト3周目）

	択　一	記　述
6月26日	民法	商業登記（記述）
6月27日	不動産登記法	商業登記（記述）
6月28日	会社法・商法・商業登記法	不動産登記（記述）
6月29日	民事訴訟法・民事執行法・民事保全法 供託法	不動産登記（記述）
6月30日	司法書士法・憲法・刑法	不動産登記（記述）

※このクールは、第2クールで思い出せなかった箇所の丸暗記です。

あとがき

こういった勉強法に関する本には2種類あります。1つは純粋に勉強法をメインとして書かれた本です。講師を何年もされている方が執筆される本は、この部類に入ります。もう1つは、合格体験記の性格を持つ本です。これは、合格したばかりの方が書くことが多いです。

私が本書を書いた目的は、当たり前となってしまった間違った受験界の勉強法を正し、受験生のみなさんに効率的な方法を採っていただくためです。そして、合格まで平均4年かかっている現状を変え、一発で受かることを当たり前にすることが目的です。現在でも一発合格者はいますが、まだまだ少数です。4ヶ月合格者が出ることも期待しています。そういった目的があるため、基本的には、勉強法の本として書きました。しかし、合格体験記としての記述も入り交じっています。目的は、あくまでも読者のみなさまが本書に書いてある勉強法を実践して、超短期合格（4～7ヶ月）を成し遂げていただくことですので、合格体験記の性質としての記述は超短期合格するために必要な範囲で記載しました。

無駄なことは1つも書いていません。受験界の常識とは異なる方法が多数あり、納得できない点があるかもしれませんが、まずは〝実践〟してみてください。すると、「こんな簡単に記憶できるんだ」と後から納得することもあります。

みなさまの合格を心より祈りつつ、あとがきといたします。

本書の執筆にあたって、自由国民社の竹内尚志様・井上はるか様に多大なご協力をいただきました。また、江川順様にも大変ご尽力いただきました。末筆ではありますが、心より感謝申し上げます。

松本　雅典

著者紹介

松本 雅典（まつもと まさのり）

司法書士試験講師。All About 司法書士試験ガイド。法律学習未経験ながら、５か月で平成22年度司法書士試験に合格。それまでの司法書士受験界の常識であった方法論と異なる独自の方法論を採ったことにより合格した。

現在は、その独自の方法論を指導するため、辰已法律研究所にて、講師として後進の指導にあたる（１年合格コース「リアリスティック一発合格松本基礎講座」を担当）。合格まで平均４年かかる現状を超短期（４～７か月）で合格することを当たり前に変えるため、指導にあたっている。

なお、司法書士試験に合格したのと同年に、宅建試験・行政書士試験も受験し、ともに一発合格。その翌年に、簡裁訴訟代理等能力認定。

【著書】

『（第４版）司法書士５ヶ月合格法』（自由国民社）

『予備校講師が独学者のために書いた司法書士５ヶ月合格法』（すばる舎）

『試験勉強の「壁」を超える50の言葉』（自由国民社）

『（第４版）司法書士試験リアリスティック１ 民法Ⅰ［総則］』（辰已法律研究所）

『（第４版）司法書士試験リアリスティック2 民法Ⅱ［物権］』（辰已法律研究所）

『（第４版）司法書士試験リアリスティック3 民法Ⅲ［債権・親族・相続］』（辰已法律研究所）

『（第４版）司法書士試験リアリスティック４ 不動産登記法Ⅰ』（辰已法律研究所）

『（第４版）司法書士試験リアリスティック５ 不動産登記法Ⅱ』（辰已法律研究所）

『（第２版）司法書士試験リアリスティック６ 会社法・商法・商業登記法Ⅰ』（辰已法律研究所）

『（第２版）司法書士試験リアリスティック７ 会社法・商法・商業登記法Ⅱ』（辰已法律研究所）

『司法書士試験リアリスティック８ 民事訴訟法・民事執行法・民事保全法』（辰已法律研究所）

『（第２版）司法書士試験リアリスティック９ 供託法・司法書士法』

（辰已法律研究所）
『司法書士試験リアリスティック10 刑法』（辰已法律研究所）
『司法書士試験リアリスティック11 憲法』（辰已法律研究所）
『（第２版）司法書士リアリスティック不動産登記法記述式』（日本実業出版社）
『（第２版）司法書士リアリスティック商業登記法記述式』（日本実業出版社）

【監修書】

『司法書士<時間節約>問題集 電車で書式〈不動産登記90問〉』（日本実業出版社）
『司法書士<時間節約>問題集 電車で書式〈商業登記90問〉』（日本実業出版社）

【運営サイト】

司法書士試験リアリスティック
https://sihousyosisikenn.jp/

（運営サイト）

【Twitter】

松本 雅典（司法書士試験講師）@matumoto_masa
https://twitter.com/matumoto_masa

（Twitter）

【ネットメディア】

All About で連載中
https://allabout.co.jp/gm/gt/2754/

（YouTube）

【YouTube チャンネル】

松本雅典・司法書士試験講師
https://www.youtube.com/channel/UC5VzGCorztw_bIl3xnySI2A

司法書士５ヶ月合格法

2011年10月１日　初版第１刷発行
2023年３月29日　第４版第１刷発行

著　　者　松本雅典
発 行 者　石井　悟
発 行 所　株式会社自由国民社
〒171-0033 東京都豊島区高田３-10-11
03-6233-0781（営業部）03-6233-0786（編集部）
印 刷 所　新灯印刷株式会社
製 本 所　新風製本株式会社
本文DTP　有限会社中央制作社